FREMDSPRACHENTEXTE · SPANISCH

Antonio Skármeta

No pasó nada

Herausgegeben von
Klaus Amann

Reclam

Diese Ausgabe darf nur in der Bundesrepublik Deutschland, in Österreich und in der Schweiz vertrieben werden.

Venta autorizada únicamente en Alemania, Austria y Suiza.

RECLAMS UNIVERSAL-BIBLIOTHEK Nr. 19746

Gesamtherstellung: Reclam, Ditzingen. Printed in Germany 2016
RECLAM, UNIVERSAL-BIBLIOTHEK und RECLAMS UNIVERSAL-BIBLIOTHEK sind eingetragene Marken der Philipp Reclam jun. GmbH & Co. KG, Stuttgart
ISBN 978-3-15-019746-2

www.reclam.de

El 11 de septiembre hubo un golpe militar en Chile, y asesinaron al presidente Allende, y murió mucha gente, y los aviones le tiraron bombas al palacio presidencial, y en la casa tenemos una foto grande en colores donde está el palacio lleno de llamas.

El 13 de septiembre era mi cumpleaños y mi papi me regaló una guitarra. Yo entonces quería ser cantante. Me gustaban los programas musicales de la televisión y me había dejado el pelo largo y con los amigos del barrio cantábamos en la esquina y queríamos formar un conjunto para tocar en las fiestas de los liceos.

Pero nunca pude tocar la guitarra, porque el día de mi cumpleaños nos cambiamos a la casa de mi tía que estaba enferma y a mi papá supimos que lo andaban buscando para llevárselo preso. Mi papá le escribió después a mi tía y le dijo que vendiera no más la guitarra porque a mi tía la echaron de su trabajo en el hospital. Allá en Chile despidieron a mucha gente de sus trabajos y las cosas ahora están muy caras.

1 **el golpe militar:** Militarputsch.
2 **asesinar:** ermorden.
Allende: Salvador Allende Gossens, 1908–73; Arzt und sozialistischer Präsident Chiles von 1970 bis 1973. Er wurde in einem blutigen Militärputsch von General Augusto Pinochet gestürzt und möglicherweise von den Putschisten am 11. 9. 1973 erschossen.
11 **el conjunto:** Musikgruppe.
12 **el liceo** (Chil.): Gymnasium.
16 **llevarle preso a alg.:** verhaften, festnehmen.

A mí ya no me importa que hayan vendido la guitarra y que nunca pude tocarla, porque ya no quiero ser más cantante.

Ahora quiero ser escritor. En el colegio el profesor me dice que tengo pasta, pese a que no puedo escribir bien el alemán. Claro que yo pienso que eso tiene remedio, porque cuando llegamos con mi papi, mi mamá y mi hermano chico, ninguno sabía hablar el alemán.

No es que ahora yo me crea Goethe, pero de defenderme, me defiendo. Además tengo una amiga alemana. Con la Edith nos vemos todos los días desde hace tres meses. Estamos en el mismo colegio, y después de clases yo voy a visitarla, y lo que más me gusta es cuando nos quedamos solos en la casa en que nos ponemos colorados de tanto abrazarnos y besarnos.

Yo los sábados voy a ver jugar al Hertha al Olympia Stadion y no estoy muy conforme con la campaña del equipo. Mi jugador predilecto era Kosteddes. Lás-

5 **tener pasta** (loc.): das Zeug (zu etwas) haben, Talent haben.
pese a que: obwohl.

6f. **eso tiene remedio:** dem ist abzuhelfen (*el remedio:* Behebung).

8 **chico/a** (Am.): *pequeño/a.*

10 **Goethe:** Johann Wolfgang von Goethe; in der Hispania Inbegriff der deutschen Dichtkunst.

12 **con la Edith** (fam.): *con Edith.*

15f. **ponerse colorado:** erröten.

17 **Hertha:** Hertha BSC, Berliner Fußballverein in der Bundesliga.

18 **la campaña:** Feldzug, Kampagne; hier: Saisonverlauf.

19 **predilecto/a:** Lieblings…
Kosteddes: Erwin Kostedde, geb. 1946; farbiger deutscher Fußballspieler. Spielte in der deutschen Nationalmannschaft und in verschiedenen europäischen Vereinen, u. a. 1975/76 bei Hertha BSC.

tima que el Hertha lo vendiera. Yo encuentro que juega con mucha picardía, y me acuerdo mucho viéndolo en acción de un chileno que se llama Caszelly, que jugaba allá por el Colo-Colo, que era de la Unidad Popular, y que ahora triunfa en España. Además me interesa cómo juega Kliemann en la defensa, que también se parece a otro jugador chileno, el Elías Figueroa, alias el Impasable.

Me gusta mucho cuando el Hertha gana, y me da pena cuando pierde, pero no soy de los fanáticos que van al estadio con bandera y trompetas, y que se colocan la camiseta del Hertha. En mi familia todos somos del Hertha. Mi papi está convencido que un gobierno como el de la junta militar chilena tiene que caer muy luego, porque nadie en el mundo los quiere y la gente allá sufre mucho.

2 **la picardía:** Listenreichtum.

3 **Caszelly:** Carlos Caszely, geb. 1950; schoss kurz nach dem Militärputsch durch ein Tor gegen den leeren Kasten der sich verweigernden Sowjetunion Chile zur WM 1974; später wegen Regimekritik des Landes verwiesen, er versuchte in Spanien sein Glück.

4 **Colo-Colo:** 1925 gegründeter Fußballverein der Hauptstadt Santiago; erfolgreichster Verein Chiles, dessen Namen auf einen Häuptling der Mapuche-Ureinwohner zurückgeht.

4 f. **la Unidad Popular:** Mitte-Links-Koalition jener Parteien, die Salvador Allende 1970 zum Wahlsieg verhalfen.

6 **Kliemann:** Uwe »Funkturm« Kliemann, geb. 1949; spielte von 1974 bis 1980 bei BSC Berlin. Seinen Spitznamen erhielt er auf Grund seiner Größe von fast 2 m.

7 f. **Elías Figueroa:** geb. 1946; mehrfacher chilenischer Nationalspieler. 1974, 75 und 76 zum besten Fußballer Südamerikas gewählt.

8 **impasable** (fam.): unpassierbar.

11 **la bandera:** Fahne.

12 **la camiseta:** Unterhemd; hier: Trikot.

En el colegio antes ninguno de mi clase sabía dónde quedaba Chile. Yo después se lo mostré en el mapa. Muchos se reían porque no podían creer que hubiera un país tan flaco. Y en realidad en el mapa se ve como un tallarín. Me preguntaban que cuánta gente cabía allá dentro. Cuando yo les dije que cabían como diez millones, creyeron que les estaba tomando el pelo.

Yo les dije que el Estadio Nacional de Chile era más grande que el Olympia Stadion de aquí y que allá se había jugado el mundial del 62, cuando ganó Brasil, segundo Checoslovaquia y tercero Chile. Ellos no saben que en ese Estadio después los militares metieron mucha gente presa, y allí mataron a mi tío Rafael que era profesor y el mejor amigo de mi papi.

Yo nunca ando contando estas cosas porque no me gusta que la gente se ponga triste. Ahora Brasil ya no es el mejor equipo del mundo, sino Argentina. Yo les mando postales a mis amigos de allá con las fotos de Maier y Beckenbauer.

Al comienzo no nos acostumbrábamos para nada.

5 **el tallarín:** lange dünne Bandnudel; (Am.) Spaghetti.

7 f. **tomarle el pelo a alg.** (loc.): jdn. an der Nase herumführen.

9 **Estadio Nacional de Chile:** größtes Fußballstadion Chiles, in dem nach dem Putsch am 11. September 1973 die Regimegegner zusammengetrieben wurden. Viele wurden gefoltert und Hunderte ermordet, darunter der bekannteste Liedermacher Chiles, Víctor Jara. 1962 fanden dort die wichtigsten Spiele der Fußball-WM statt.

11 **el mundial:** Weltmeisterschaft.

20 **Maier y Beckenbauer:** Sepp Maier, geb. 1944; Franz Beckenbauer, geb. 1945; weltweit möglicherweise die bekanntesten deutschen Fußballspieler.

 Sino = sondern

Mi papá y mi mami no tenían trabajo, mi hermano chico se enfermó con mucha fiebre por el cambio de clima y vivíamos en una pieza los cuatro en el departamento de un amigo alemán que había estado en Chile. Mi mami era la que más sufría porque allá teníamos una casita con patio en Ñuñoa con hartas piezas, y cada uno tenía lugar para hacer lo que quería.

A mí el que más me molesta es mi hermano chico que entiende poco alemán, y cada vez que vemos la televisión me pregunta a cada rato qué está pasando, y yo me pongo a traducirle, y entonces no oigo yo a los actores y mi hermano me sigue jodiendo con que le explique, hasta que tengo que pegarle un coscorrón, y se pone a llorar, y mi mamá me pega un coscorrón a mí, y se pone de mal humor y reta a mi papá, y el viejo estaba cansado porque venía de buscar trabajo, y mi mamá salía con que no podía seguir así, que ella se iba a Chile, que no tenía nada que hacer aquí, y mi papá se iba a acostar sin comer.

Aquí en invierno oscurece muy temprano. Cuando salimos de la escuela con Edith en diciembre ya casi no hay luz. A nosotros nos conviene bastante eso.

3 **la pieza** (Am.): *la habitación.*
6 **Ñuñoa:** Stadtviertel von Santiago de Chile; der Name bedeutet in der Mapuchesprache *lugar de las flores amarilla.* Multikulturelles Viertel Santiagos, in dem sich die einzige Moschee und das Estadio Nacional befindet.
harto/a: satt; hier (Chil.): *mucho/a.*
10 **a cada rato:** immer wieder (*el rato:* Weile, Augenblick).
13 f. **el coscorrón:** Kopfnuss.
15 **retar a alg.** (Am.): mit jdm. schimpfen.
20 **oscurecer:** dunkel werden.

lugar = Platz

Siempre sabemos dónde hay algunos lugares más o menos oscuros para meternos un ratito. En Chile la noche es corta, hay más pájaros que en Berlín, una cordillera muy linda que siempre tiene nieve en la punta, hay muchos insectos, perros sueltos, y moscas. Aquí en Alemania se ven muy pocas moscas. La gente es muy higiénica.

Yo fui el primero en aprender alemán de mi familia, y cada vez que sonaba el teléfono, mi papá me iba a buscar para que yo atendiera. A veces cuando yo no estaba en la casa, el papi y la mami dejaban que el teléfono sonara no más porque les daba vergüenza levantarlo. Y cuando yo llegaba a la casa me retaban porque no había estado cuando sonó el teléfono.

Ahora dejamos que suene todo el tiempo que quiera, pero los primeros meses dependía del teléfono que comiéramos. Resulta que el papi y la mami se habían conseguido un trabajo enseñando español, clases particulares. Como los dos son profesores, no les cuesta nada enseñar. Yo les anotaba en la libreta la dirección de los alumnos, y escribía el día en que querían clases.

En el colegio al comienzo no tuve amigos. En los recreos me juntaba con mi hermano chico y nos dedicábamos a comer el sándwich y a tomar el sol contra la pared. Eso es otra cosa que soy: el mejor tomador de sol del mundo. Tal vez porque paso resfriado y

10 **atender (el teléfono):** ans Telefon gehen.
12 **les daba vergüenza:** es war ihnen peinlich.
16 **depender de algo:** von etwas abhängig sein, von etwas abhängen.
18f. **las clases particulares:** Privatunterricht.
20 **la libreta:** Notizbuch.
23 **juntarse:** sich versammeln; hier (fam.): sich treffen.

muerto de frío. En Chile me decían «el lagarto». Yo y el sol, íntimos.

Aquí en la escuela no dan nada de leche en el recreo, porque los niños se alimentan bien en la casa. Allá en Chile había muchos niños que se morían de hambre y cuando vino Allende ordenó que a todos los niños de Chile se les diera medio litro de leche por día y eso fue muy bueno porque dejaron de morirse. Aquí los niños no saben lo que es un país pobre *pobre*. No han visto nunca una casa hecha con cartón y latas. A mí no me creen que se venían abajo cuando había viento fuerte o lluvia. Además allá en Chile hay muchos terremotos. Aquí no se conocen los terremotos. Un día fuimos con el Henning, el Karl y el Peter a la Kudamm a ver la película *Terremoto*, y cuando el teatro comenzó a moverse los tres se largaron a reír, pero a mí me dio mucha pena porque me acordé de Chile. Cuando le conté a mi papá que me había dado pena, me pegó un coscacho. Me dijo que si estaba tonto de andar echando de menos los terremotos, que

1 **el lagarto:** Eidechse.

4 **alimentarse:** sich ernähren.

11 **la lata:** Blech.

13 f. **el terremoto:** Erdbeben.

15 **la Kudamm:** Kurfürstendamm, Berliner Prachtstraße; der Artikel *la* wird von *la avenida* übernommen.

«Terremoto»: *Earthquake*; 1974 gedrehter Katastrophenfilm von Mark Robson, in dem erstmals durch Sensurround versucht wurde, die Erschütterungen eines Erdbebens im Kino nachzuahmen. In Chile sind kleinere Beben viel häufiger als in Mitteleuropa (*temblores*) und es kommt auch zu starken Erdbeben.

16 **largarse a** (+ inf.) (Am., fam.): beginnen etwas zu tun.

19 **el coscacho** (Am., fam.): *el coscorrón:* Kopfnuss.

20 **echar algo de menos:** etwas vermissen.

lo único bueno que tenía estar lejos de Chile era no sufrir los terremotos y que ahora yo venía y le salía con esa estupidez.

Mi papi y mi mami creen que yo estoy tonto porque ando enamorado. Y a lo mejor tienen razón, porque me paso horas tendido contra las murallas tomando el sol y pensando en la Edith. Pienso cosas que me gustaría decirle cuando la vuelva a ver otra vez, que me salgan bien en alemán. Me fijo bien cómo se dicen en el diccionario. Hay que aprender a decirle cosas lindas a la Edith en alemán, porque es muy linda, y si me quedo callado, seguro que puede quitármela algún otro.

Aquí a los cabros más grandes les gusta mucho eso de quitarnos las novias a los de más abajo. Van a fiestas con ellas y les conversan cosas de grandes y las tontas se sienten actrices de cine con ellos. Yo me fijo mucho lo que hacen los grandotes del Gymnasium cuando hablan con las chiquillas.

Por ejemplo, me di cuenta que les conversan tiesos como postes. En cambio cuando nosotros les hablamos parece que nos picara el cuerpo de tanto que nos rascamos y nos movemos. Últimamente he estado

3 **la estupidez:** Dummheit.
12 **callado/a:** schweigend, still (*callarse:* schweigen).
14 **el cabro / la cabra** (Chil., fam.): Junge, Bub / Mädchen.
18 **los grandotes** (fam.): etwa: die großen Kerle (*grandote,* fam.: enorm, riesig).
19 **las chiquillas** (fam.): etwa: die kleinen Mädels (*chiquillo/a,* fam.: klein).
20f. **tieso como poste** (fig.): stocksteif (*tieso/a:* steif, starr; *el poste:* Pfosten).
23 **rascarse:** sich kratzen.

estudiando mucho a los actores de cine, que por eso son actores de cine. Yo no me encuentro ni feo, ni buenmozo. La Edith me halla más o menos, y yo estoy de acuerdo: también me hallo más o menos. Un tipo que siempre le va muy bien en el cine es Robert Mitchum, y no me van a decir que es buenmozo.

Yo opino que tienen razón los filósofos que dicen que el amor no sólo es asunto del físico. Allá en Chile había un compañero que se llamaba el Guatón Osorio, que no es que fuera un poco gordito. Era gordo *gordo*. Lo que se llama *gordo*. Tenía una novia que se llamaba la María, que es la mujer más rica que conocí en mis catorce años, incluidas las que he visto en el cine, el teatro y la televisión. Le pregunté al papi qué había sido del Gordo y el papi siguió leyendo el periódico con el diccionario y me dijo que estaba en la Resistencia. Ésa fue una muy buena noticia, porque yo soy admirador del Gordo. Juan Carlos Osorio se llama.

Digo que me fue bien con el papi, porque siempre que le pregunto por algún tío me dice que está preso, o que está muerto, o que está en Canadá, en Rumanía, en África, qué sé yo. Yo le pregunté al papi que cómo un gallo como el Osorio podía estar en

3 **buenmozo** (Am., m.): gutaussehend.
hallarle a alg. más o menos (fam.): jemanden ganz okay finden.
5 f. **Robert Mitchum:** US-amerikanischer Schauspieler (1917–97), wurde mit seinem betont lässigen Darstellungsstil zum Kultstar.
9 **el Guatón Osorio:** etwa: der Dickbauch Osorio; hispanische Eigenheit, Menschen nach ihrem Äußeren zu benennen.
12 **rico/a**: reich, lecker; hier (Am.): süß, hübsch.
16 **la Resistencia:** die Widerstandsbewegung gegen die chilenische Militärdiktatur.
23 **el gallo:** hier (Chil., fig.): großer, starker Mann.

la clandestinidad, que con sólo verlo uno se daba cuenta que era el Osorio. No hay modo de fondear bien a un Gordo. El papi para variar me dijo que me iba a sacar la chucha por andar preguntando huevadas. Como se habrán dado cuenta mi papito colabora con cariño y entusiasmo a la educación de sus hijos.

Lo que pasa con el papi es que todo el día hace clases de español y claro, aprende poco alemán, y cada vez que pasan una noticia de Latinoamérica en la televisión me pega el grito para que venga a traducirle. De Chile llegan puras malas noticias, y el papi se ve todos los noticiarios de la televisión. Se traga cuanto Heute y Taggeschau hay. El viejo no se da cuenta que el día que caiga *Pinochet* va a ser feriado nacional en

1 **la clandestinidad** (pol.): Untergrund.
1f. **darse cuenta de algo:** etwas bemerken.
2 **fondear** (fig.): etwa: tarnen (*el fondo:* Hintergrund, Untergrund).
4 **sacar la chucha** (Chil., fam.): etwa: es jdm. (gleich) zeigen (*la chucha*; Chil., vulg.: Muschi; im Chilenischen in den verschiedensten Variationen wiederkehrendes Schimpfwort).
4f. **la huevada** (Chil., fam.): Schwachsinn.
5 **colaborar:** zusammenarbeiten, mitwirken.
10 **pegarle el (un) grito a alg.:** nach jdm. brüllen, laut rufen.
12 **el noticiario:** Nachrichtensendung.
12f. **cuanto Heute y Taggeschau hay:** etwa: jedes *Heute* und jede *Tagesschau* (die gesendet werden).
14 **Pinochet:** Augusto Pinochet Ugarte, chilenischer Militär, Putschist und Präsident (1973–90). Beendete das sozialistische Experiment Allendes 1973 gewaltsam und regierte das gespaltene Land 17 Jahre mit Gewalt, Folter, Konzentrationslagern und Terror. In den Tagen und Wochen nach dem 11. 9. 1973 starben über 3000 Chilenen durch Gewalt und Folter, rund 1000000 Menschen flüchteten ins Exil, darunter auch Antonio Skármeta und Isabel Allende, die Nichte des wahrscheinlich ermordeten Präsidenten.

todo el mundo, se van a embanderar las calles, y los pájaros se van a largar a volar como locos. Yo creo que, salvo la familia del general Pinochet, nadie más se va a entristecer cuando caiga. Y cuando vaya a la cárcel, creo difícil que le lleguen visitas. Muy difícil que alguien lo vaya a ver a la cárcel. Ni las monjitas, yo creo.

Yo al comienzo me sentí más tirado que pucho en Berlín. Para más remate a mi hermano y a mí nos metieron de cabeza en la Escuela del barrio. Cuando nos decían *Guten Morgen* creíamos que nos estaban sacando la madre. Los cabros eran buena gente y se nos acercaban a preguntarnos cosas, pero lo único que podíamos hacer nosotros era sonreírnos como pavos.

Comencé a aprender alemán jugando fútbol en los recreos. Me ponían de back centro y allí metí tanto fierro que aprendí distintas palabritas: «desgraciado»,

1 **embanderar:** beflaggen, mit Fahnen schmücken.
3 **salvo** (adv.): ausgenommen, außer.
4 **entristecerse:** traurig werden.
6 **las monjitas** (dim.): *las monjas:* Klosterschwestern; in Chile sprichwörtlich für Gutmütigkeit, Geduld, Altruismus oder auch Naivität.
8 **sentirse más tirado que pucho** (Chil., loc.): etwa: sich total verloren fühlen, sich fehl am Platz fühlen (*el pucho*, Am.: Zigarette, Zigarettenstummel).
9 **para más remate:** zu allem Unglück.
10 **de cabeza:** Hals über Kopf.
11 f. **sacar la madre:** Synonym für *sacar la chucha*; hier: jdn. beschimpfen.
14 **sonreírse como pavos:** doof grinsen (*el pavo:* Puter; hier, fam.: Dummkopf).
16 **el back centro** (Am.): Mittelverteidiger.
16 f. **meter fierro** (fam.): reinhauen, draufhauen.
17 **el desgraciado / la desgraciada** (fam.): Schurke, Schwein.

«cabrón», «pata de mulo». Yo me abría de brazos y miraba al delantero caído y decía: «No pasó nada.» Siempre decía eso. Entonces me pusieron de sobrenombre Nopasónada. Todavía cuando algunos me ven, levantan las manos así y me dicen «Hola, Nopasónada».

Si ustedes creen que esos días lo pasé bien, se equivocan. Lo pasé mal, pésimo. Cuando llegaba a la casa, era fijo que la mamá estaba llorando. Y no era porque estuviese cocinando cebolla. Llegaban unas cartas de Chile que eran como para desaguar todo el estanque. Yo prefería, eso sí, que la mami llorara, porque lo que es mi papi no lloraba nada, pero agarraba a patadas los muebles, y cuando nosotros estábamos a mano, nos tiraba su coscorrón perdido. Siempre discuten con la mami. Ella dice que quiere volver a Chile, que hay que estar allá pelando el ajo con los compañeros. Pero la mami luego se da cuenta que anda muy sentimental. Lo que es cierto es que no hay carta desde allá donde no falte un nuevo compañero

1 **el cabrón / la cabrona** (vulg.): Scheißkerl / Scheißweib, gemeiner Hund, Arschloch.
la pata de mulo (fam.): etwa: Holzfuß (*el mulo:* Maulesel).
2 **el delantero:** Stürmer.
3f. **el sobrenombre:** Spitzname.
4 **Nopasónada** (fam.): etwa: Nixpassiert (Spitzname des Protagonisten).
11f. **ser para desaguar el estanque** (fig.): (nur noch) zum Heulen sein (*desaguar:* entwässern, auslaufen lassen; *el estanque:* Teich).
13f. **agarrar algo a patadas** (fam.): mit den Füßen auf etwas losgehen, gegen etwas treten (*agarrar:* nehmen; *la patada:* Tritt).
14f. **estar a mano:** in Reichweite sein.
17 **pelar el ajo**: hier (fig.): zupacken, kämpfen.

muerto o preso. Yo agarré la costumbre los sábados en la mañana de abrir el buzón, y si hay cartas, no las entrego hasta el lunes. Así por lo menos el papi y la mami no se amargan el fin de semana. El día que el papi sepa, seguro que me va a poner *knockout.* Así que al comienzo lo pasaba pésimo.

Mis primeros amigos fueron los griegos. También eran dos y tenían nuestra misma edad. Claro que se llamaban raro. El mayor se llamaba Homero y el chico Sócrates. Homero y Sócrates Kumides. Hablaban bien el alemán, porque llevaban más de cinco años. Me conocieron un día en que tomaba el sol contra la muralla del colegio, sacándole punta a un lápiz. Me dijeron en español: «¿Cómo estás, compañero?» Eso fue lo único que sabían decir en español, pero palabra que hasta que volvieron hace poquito a Grecia, fueron muy buenos conmigo. Cuando el Homero se me acercó ese día dijo levantando un dedo de la izquierda: «Pinochet», y con un dedo de la derecha: «Ioannides.» Y después se

4 **amargar:** verbittern; hier: verderben.
9 **Homero:** griech. Homeros, nach dem blinden Dichter der *Ilias* und der *Odyssee*, um 800 v. Chr. Der Name bedeutet soviel wie Geisel, in der griechischen Antike waren das die Kinder der Kriegsgefangenen. Homero und Sócrates sind wie Lucho Flüchtlingskinder, da 1974 auch in Griechenland eine Militärdiktatur herrschte.
10 **Sócrates:** Sokrates, griechischer Philosoph (469–399 v. Chr.), dem die Wahrheit wichtiger war als sein eigenes Leben. Lehrer und wichtiger Denker seiner Zeit. Er wurde der Gottlosigkeit und Verführung der Jugend bezichtigt und zum Tode durch den Schierlingsbecher (Gift) verurteilt.
13 **sacar punta:** anspitzen.
15 **palabra:** hier: Ehrenwort, ich schwör's.
19 **Ioannides:** Dimitrios Ioannides, geb. 1923; Mitglied der Militärjunta, die Griechenland nach einem Putsch von 1967 bis 1974 regierte.

pasó la mano por la garganta, como rebanándola, y dijo: «Irgandwann, zusammen, kapput.» «Venceremos», dije yo. El Homero y el Sócrates Kumides fueron mis primeros mejores amigos. Me llevaron a su casa, me enseñaron a tomar vino, a bailar como Zorba y, lo más fundamental, a hablar el alemán.

Un día estábamos en la casa del señor Kumides, y el viejo nos dijo que nos vistiéramos porque íbamos a ir al teatro. Y fuimos. Pero claro que no era nada el teatro, sino una sala parecida a un teatro en la Universidad Técnica. Había mucha gente juntando plata con alcancías y el Homero me dijo que todo el dinero era para ayudar a la gente que estaba en Grecia. Entre los dos juntamos un marco y lo echamos en la alcancía. Entonces vino un cantante y comenzó a cantar acompañado de un conjunto con instrumentos que yo no conozco, aunque había uno chiquito parecido al charango.

1 **la garganta:** Kehle.
rebanar: abschneiden, durchschneiden.

2f. **«venceremos»:** Schlachtruf der Unidad Popular in der Zeit Salvador Allendes und der Exilchilenen, vor allem in den ersten Jahren der Militärdiktatur.

5 **Zorba:** Alexis Sorbas; Protagonist des berühmten und mit dem Oscar ausgezeichneten Films *Zorba the Greek* (1964) von Michael Cacoyannis, nach dem Roman des griechischen Schriftstellers Nikos Kazantzakis.

11 **juntar:** sammeln.
la plata (Am.): Geld (*la plata* ist in einigen Ländern des Cono Sur, Chile, Argentinien, Uruguay, gebräuchlich).

12 **la alcancía:** Sammelbüchse, Sparbüchse.

16 **el conjunto:** hier: Musikensemble.

18 **el charango** (Am.): einer kleinen Gitarre ähnliches Instrument, das mit sechs Doppelsaiten bespannt ist und einen Gürteltierpanzer

Nosotros tenemos también muy buenos conjuntos. No sé si ustedes conocerán al Quilapayún, a Inti-Illimani y a Liberación Americana. Pero la diferencia con los griegos es que cuando el cantante comenzó, todo el público se puso de pie con un puño en alto y cantaron con el conjunto hasta que la función terminó. Además estuvieron llorando todo el tiempo. También el Homero estaba llorando. Cuando salimos, el viejo Kumides, que mide yo creo como dos metros, me levantó y me apretó bien fuerte y me dijo «Venceremos». Yo creo que si no me hubiera hecho tan amigo de la Edith, me habría ido a Grecia con el Homero y el Sócrates.

Otra vez que me estaba yendo tempranito al colegio, me encontré a mi papá en la cocina oyendo las noticias de la radio a todo volumen. Me mandó callar con un dedo en la boca, y yo me hice un pan con mantequilla, y me quedé con él oyendo las noticias. Cuando terminó el programa, mi papi casi no podía respirar. «¿Qué entendiste?», me dijo. «Que cagó Ioannides»,

oder häufiger einen Holzkorpus als Resonanzkörper hat. Trotz der geringen Größe klingt das Instrument sehr kräftig und dient als Begleit- und Rhythmusinstrument in der andinen Volksmusik.

2 **Quilapayún:** chilenische Folkrockgruppe, die im Exil berühmt wurde.

2f. **Inti-Illimani:** chilenische Exil-Folkrockgruppe.

3 **Liberación Americana:** weniger bekannte chilenische Musikgruppe des Protests gegen die Militärdiktatur; die Gruppe trat 1977 im WDR-Funkhaus Köln in der Matinee der Liedersänger auf.

5 **el puño:** Faust.

6 **la función:** hier: Vorstellung, Veranstaltung.

10 **apretar a alg.:** hier: jdn. (an sich) drücken.

19 **que cagó Ioannides** (vulg.): etwa: dass Ioannides flöten gegangen ist; dass Ioannides im Arsch ist (*cagar*, vulg.: scheißen).

le dije. «¿Te lavaste bien las orejas en el baño?» «Sí, papi», le dije. «¿Y qué fue lo que entendiste en la radio?» «Lo que te dije, papi. ¡Qué cagaron los fascistas en Grecia!»

Mi papi movió despacito la cabeza, y se tomó muy lento, pero hasta el último concho, la taza de café. Yo no me moví de ahí. Mi viejo estaba totalmente volado. Pensé que iba a morirse de repente. Como a los cinco minutos, levantó la mirada de la taza y me dijo: «¿Qué está haciendo, ahí parado? Venga acá a regalonear con su papi.» Ahí fui yo el que casi me muero. Me acerqué, y el papi me apretó la cabeza, y me chasconeó entero, y me tuvo un buen rato apretado contra su corazón. Después me dijo: «Ya. Váyase al colegio a ver a sus amigos. Se queda hueveando en la cocina, y va a llegar tarde a clases.»

Me fui corriendo arriba de mis zapatillas Addidas Olympia, de las mismas que usa Beckenbauer. Llegué justo a tiempo, pero el Homero no estaba en el curso. Le dije a la Edith que había caído Ioannides, y ella abrió muy grandes los ojos, se metió las uñas en la boca, y me gustó mucho como el sol se le veía en su pelo todo enrulado a la hippie. Yo a la Edith le digo Ricitos.

6 **el concho** (Am.): Rest.; hier: Schluck.
7 f. **volado/a** (fig.): aufgewühlt.
10 f. **regalonear** (Chil., fam.): sich verwöhnen lassen; hier: kuscheln (dazu *regalón, -ona:* verwöhnt).
12 f. **chasconear:** durcheinander bringen, zerzausen.
15 **huevear** (fam.): herumhängen, trödeln.
21 **la uña:** Fingernagel.
23 **enrulado/a:** lockig.
24 **Ricitos:** etwa: Lockenkopf, Wuschelkopf (*el rizo:* Locke).

Tampoco estaba Sócrates en el recreo, y durante la hora de Matemáticas no me pude concentrar, y antes de las 11 me acerqué a la profesora y le dije que me dolía mucho el estómago y que me iba para la casa. A las 11.05 estaba en el departamento de los Kumides en Wiclef Strasse, y lo primero que vi, aparte de que la puerta estaba totalmente abierta, era que el living se había vaciado y que había dos tipos que no conocía durmiendo en el suelo.

Me metí por el pasillo hasta la pieza y golpeé despacio. «Entre.» Era la voz del señor Kumides. Tiene una voz ronca y grande, muy parecida a sus bigotes. Mi papi también tiene unos tremendos bigotes, pero no esa voz tan ronca. Me he fijado que aquí los alemanes no usan mucho el bigote. Entonces, estaba el viejo Kumides total y absolutamente en pelotas en la cama. Y a su lado derecho estaba durmiendo el Homero, totalmente en pelotas, y al lado izquierdo el Sócrates, totalmente en pelotas para variar. Y al fondo de la pieza, arreglándose los ojos frente al espejo estaba la señora Kumides con una bata de esas de playa, pero también para variar se veía que debajo de la bata estaba también en pelotas.

La señora Kumides tiene la nariz un poco grande, pero mira fijo a los ojos cuando uno le habla como si

6 **Wiclef Strasse:** Wiclefstraße, zentrale Geschäfts- und Dienstleistungsstraße im Stadtteil Tiergarten.
12 **ronco/a:** heiser, rau.
el bigote: Schnurrbart.
13 **tremendo/a:** fürchterlich; hier (fam.): unglaublich.
16 **en pelotas** (fam.): splitterfasernackt.
21 **la bata:** Morgenmantel.

uno siempre fuera el gallo más inteligente de Berlín. No es porque sea la mamá del Homero y del Sócrates, pero yo soy un hincha fanático de la señora Kumides.

De repente vi que estaban las paredes vacías, y cuando miré al suelo vi las valijas llenas. Sumé todo eso y saqué mis cuentas. El matrimonio Kumides rapidito cachó que yo había entendido. Cuando el señor Kumides se pone dulce, le viene de adentro una mirada medio de perro grande. Me miraban los dos como si fueran una pareja de novios sentados en una roca contra el mar y yo fuera el mismísimo poético horizonte.

– ¿Supiste? – me dijo, despacio y ronco, como para no despertar a los hijos.

Asentí con la cabeza, apreté muy firme los dientes, y con más fuerza aún, apreté el puño izquierdo, y cuando lo levanté, lo hice vibrar como si martillara el cielo. Él alzó el puño, pero no lo hizo vibrar, aunque se le abultó el cuello y se le formó una especie de puchero debajo del bigote. Yo creo que si alguien entra y nos ve ahí a los dos con los puños en alto, y a la señora en bata, y al Homero y el Socra roncando, nos lleva expreso al manicomio.

3 **el/la hincha:** Fan.
5 **la valija** (Am.): Koffer.
6 **sacar (sus) cuentas:** eine Schlussfolgerung ziehen.
7 **cachar** (Chil. fam.): *darse cuenta, entender:* bemerken, verstehen (vom engl. *to catch*, vgl.: *¿Cachái?*).
14 **apretar firme los dientes:** Zähne fest zusammenbeißen.
17 **alzar:** (er)heben.
18 **abultar:** vergrößern; hier: anschwellen.
18f. **formar una especie de puchero:** etwa: den Mund verziehen (*hacer pucheros:* schmollen, eine Schnute ziehen).
22 **el manicomio:** Irrenhaus.

Esa noche el señor Kumides invitó a mi viejo y a mi mami para que comiéramos juntos. Mis viejos vinieron porque nos faltan muchas cosas en la casa y los Kumides dijeron que podían llevarse lo que quisieran, aunque lo que tenían era poco. Y no decían ninguna mentira. Pero había lindas cosas en la pared que había tejido la señora Kumides, y el Homero me regaló su chaqueta gruesa forrada en chiporro. El Homero me dijo que en Grecia no se necesitaba ropa de invierno.

Me la entregó al día siguiente en el aeropuerto, justo cuando estaban llamando para subir. Yo me despedí de las profesoras a nombre del Homero y les dije un lindo discurso. Recién este mes, la mami está tratando de conseguirme otra chaqueta porque pegué un estirón. Y supongo que el Homero debe estar más alto que yo, por la foto que me mandó de Atenas. Estoy muy invitado para el próximo verano a Grecia, y creo que voy a ir, porque en confianza, les contaré que estoy trabajando. Después de clase voy dos horas al Albrecht del barrio y ordeno las cajas

7 **tejer:** weben.
8 **grueso/a:** dick, fest.
forrado/a: gefüttert.
el chiporro (Chil.): Lamm; hier: Lammfell.
14 **decir un discurso:** eine Rede halten.
15 f. **pegar un estirón:** in die Höhe schießen, schnell wachsen (*el estirón:* Ruck).
19 **en confianza:** im Vertrauen.
21 **Albrecht:** 1946 in Essen von Theo Albrecht gegründetes Lebensmittelgeschäft, das zu einer der größten Lebensmittelketten Europas geworden ist, ALDI (ALbrecht DIscount).

de cartón, y barro todas las porquerías que quedan tiradas.

Por supuesto que no estoy convertido en Rockefeller, porque le paso algo de plata a mis viejos y a mi hermano chico que se devora tres revistas de historietas por día, y porque llevo a la Edith al cine y a los bailoteos. Con todo, ya ahorré trescientos marcos, y de aquí a junio voy a tener demás para tomar el avión ida y vuelta a Grecia. Dicen que el Retsina de allá es mejor que el que venden en el barrio.

Ahora me ven como me ven y no pasa nada. Es que les cuento todo revuelto y a saltos. Pero hubo un tiempo en que yo fui el niño más triste de Berlín. Me da vergüenza contar esto que viene. No me gusta decir de mí mismo que era un «niño», porque mi papi nos dijo que desde ahora en adelante se había acabado la niñez para nosotros.

Que las cosas iban a ser muy duras, y que teníamos que portarnos desde ya como hombres. Que no anduviéramos pidiendo cosas porque no nos alcanzaba para comer. Que los alemanes tenían una solidaridad

1 **barrer:** zusammenkehren, -fegen.
la porquería (fam.): Schweinerei.
1f. **quedar tirado/a:** hier: liegen bleiben (*tirar:* wegwerfen; *estar tirado/a:* spottbillig sein).
3 **convertirse:** sich verwandeln.
5 **devorar:** verschlingen; hier (fig.): lesen.
5f. **la revista de historietas:** Comic-Heft.
7 **el bailoteo** (fam.): Tanzparty.
9 **Retsina:** griechischer, etwas harziger Weißwein.
12 **revuelto/a:** durcheinander.
a saltos: sprunghaft.

más grande que un buque, pero que nosotros debíamos rascarnos con nuestras propias uñas. Que la plata que juntaban los alemanes tenía que ir para los compañeros que estaban dentro de Chile. Que cada peso que gastaban en nosotros aquí, era un día más que duraba allá el fascismo. Dijo mi papá que esperaba que fuéramos hombrecitos y que no nos metiéramos en líos. Que aquí estábamos como asilados políticos, y que en cuanto nos enredáramos en un lío nos echarían. Mi papi es especialista en echar este tipo de discursos. Durante una semana anduvimos en punta de pie. Subíamos los cinco pisos hasta el departamento como fantasmas para que las viejas no reclamasen. Y durante seis meses no le vimos ni el pellejo a la carne, a no ser por alguna salchicha despistada.

Además era invierno. Yo recorría todo Tiergarten buscando un poquito de sol. El sol en Berlín es lo único barato, pero escasea mucho. Después aprendí como tres palabras en alemán, y atravesaba Tiergar-

1 **el buque:** Schiff.
2 **rascarse con sus propias uñas:** etwa: sich selber anstrengen.
7 **ser hombrecito** (dim.): *ser hombre.*
7 f. **meterse en líos:** in Schwierigkeiten geraten (*el lío:* Durcheinander).
8 **el asilado / la asilada:** Asylant(in).
9 **enredarse:** sich verfangen, sich verwickeln, sich verstricken.
11 f. **en punta de pie:** auf Zehenspitzen.
14 **ni el pellejo a la carne** (fig.): nicht das kleinste bisschen Fleisch (*el pellejo:* Haut).
15 **despistado/a:** verirrt, verloren.
16 **Tiergarten:** Ortsteil im Bezirk Berlin Mitte mit gleichnamigem Park.
18 **escasear:** spärlich vorhanden sein, knapp sein.

ten, me metía por debajo del S Bahn Bellevue, y agarraba hacia Zoo, y después me caminaba entera la Kudamm. Todo esto sin un peso, los bolsillos planchados como camisa de milico. Si me hubieran agarrado y sacudido, jamás hubiera sonado ni una monedita. Ahora que lo pienso bien, yo creo que no era el niño más triste de Berlín, sino de Europa, porque estar triste en Berlín no se lo recomiendo a nadie. Y estar triste y sin un pfenning, es para ponerse a llorar a gritos. Cuando hacía mucho frío me metía al sexto piso del KaDeWe y allí no lo pasaba mal. Siempre hay señoritas que ofrecen cosas de propaganda en la sección comestibles, y yo agarraba de esto y lo otro. Un pedazo de queso, después una galleta, después un chocolate, un vasito de vino, un camarón cocido. Si uno hacía la vuelta completa, podría darse por almorzado. Yo de hambre no me moría. Ahora el papi y la mami trabajan, y hasta nos alcanza para su kilo de Hackepeter de vez en cuando, pero en esos primeros meses yo era el único que no estaba pálido. Un día en que se esta-

1 **S Bahn Bellevue:** S-Bahn-Station am Schloss Bellevue, Amtssitz des deutschen Bundespräsidenten in Berlin.

4 **el milico** (fam., pey.): Militär, Soldat.

5 **sacudir:** schütteln.

11 **KaDeWe:** Kaufhaus des Westens, 1907 eröffnetes Berliner Kaufhaus der Superlative. Vor 100 Jahren mit 24 000 m² das größte Kaufhaus Europas, gilt das KaDeWe immer noch als Leader unter den Riesenkaufhäusern. Für Lucho ist es ein Symbol des absoluten Luxus und der denkbar krasseste Kontrast zu seiner bescheidenen Welt der Exilanten.

15 **el camarón**: Garnele.

16 **darse por almorzado:** sich so fühlen als hätte man zu Mittag gegessen.

ban quejando en la casa del hambre, del frío, de la pena, de los fascistas, les dije al papi y a la mami que por qué no íbamos todos juntos al sexto piso del KaDeWe y nos hacíamos el almuerzo. El papi entonces me tiró un manotazo por estar hablando puras huevadas, pero otro día que andábamos por el centro en un trámite del exilio, el certificado médico de la Nürnbergerstrasse, el papi dijo que ya se cortaba de hambre porque le habían sacado sangre para el examen, y que cómo era eso del KaDeWe, y ya que estábamos ahí, fuimos.

Ese día lo pasé muy bien con el papi. Estuvimos como una hora comiendo, y sobre todo, el papi tomando. Se tomó tres clases de vino de la Alsacia, y salió silbando tangos. Me dijo que yo era un tipo muy inteligente, pero que no me metiera nunca en líos. Me dijo que tuviera cuidado con dos cositas: con el robo y la marihuana. Aquí a la gente le gusta mucho esos deportes. El papi me contó que cualquiera de esas dos huevadas bastaba para que nos echaran del país. Iba muy contento, pero también estando contento echaba discursitos. Yo creo que tarde o temprano mi viejo va a ser senador.

Lo que el viejo nunca me dijo es que podían pasar

1 **quejarse:** sich beschweren, meckern.

5 **tirar un manotazo** (fam.): eins überziehen (*el manotazo:* Schlag).

7 **el trámite:** Behördenweg.

7 f. **Nürnbergerstrasse:** Nürnberger Straße, zentrale Geschäftsstraße in Berlin Charlottenburg und Wilmersdorf.

14 **la Alsacia:** das Elsass, alemannischsprachige Region mit wechselhafter Geschichte; gehörte abwechselnd zu Deutschland und Frankreich.

cosas peores. Y esa cosa peor, me pasó a mí. Yo fui el tipo más quemado de Berlín.

Resulta que yo me dedicaba mucho a la tienda esa de revistas de Joachimstaler. Es un negocio muy lindo con diarios extranjeros y revistas de historietas y deportes. Yo me pasaba horas mirando las historietas, sobre todo cuando era el famoso invierno ese. Adentro se estaba calentito y no era que yo leyese las revistas, pero me entretenía mucho mirando los monos. Al fondo estaban las cuestiones pornográficas que le llaman. A veces me metía ahí, pero los vendedores me echaban.

Además yo necesitaba dejarme de mirar fotos de mujeres y hacer lo posible por debutar, porque ya me había salido pelito, y soñaba con tener luego un bigote como el de mi viejo o el señor Kumides. Yo soñaba mucho con mujeres, me ponía a imaginar que les decía cosas, y que ellas se reían con mis palabras. Me imaginaba unos diálogos en alemán que me los aprendía de la historieta *Junge Liebe.*

2 **quemado/a:** hier (Chil., fam.): vom Pech verfolgt.

4 **Joachimstaler:** Joachimstalerstraße im Herzen Berlins, zwischen Lietzenburgerstraße und dem Zoo Palast.

9 **el mono:** Affe.

10 **al fondo:** hinten, am Ende.

14 **debutar:** debütieren; hier etwa: zum ersten mal etwas mit einem Mädchen anfangen.

20 **«Junge Liebe»:** wahrscheinlich eine der vielen Fotonovelas in den Jugendzeitschriften der 70er und 80er Jahre. Auch der Titel eines Gedichts von Theodor Storm, welches Luchos erste Liebe zu Sophie passend umschreibt: »Aus eignem Herzen geboren, / Nie besessen, dennoch verloren. // Ihr Aug ist blau, nachtbraun ihr lockicht Haar, …«

Dejé de ir a mirar las revistas, cuando me convertí en un fanático de la radio portátil. Era una chiquita, japonesa, que el viejo trajo a la casa para oír las noticias. Tenía esa cosa para meterse en el oído, y pronto me supe las melodías de todos los Schlager de la semana. Paseaba por Kudamm con el cable en la oreja, y cuando agarraba una palabra, abría el diccionario, y la iba repitiendo hasta aprenderla. Al mes sabía las obras completas de la estupidez humana.

Recién ahora me doy cuenta que uno no necesita saber cantar tonterías para conseguirse una amiguita. Yo creo que había sacado esa idea de las revistas donde siempre los cantantes populares aparecían fotografiados con chicas lindas. Después aprendí que ni siquiera palabras se necesitan. Como sea, yo era el tipo que sabía más canciones que nadie en Berlín.

Me imaginaba que había un concurso en la televisión y que me tocaban los primeros compases de cualquier melodía y que yo decía de inmediato el nombre, y ganaba cualquier cantidad de marcos y en el colegio todos me admiraban. Si ustedes me hubieran visto con el bolsón a la espalda, la radio en la oreja, el diccionario y el cuaderno, me hubieran dado la medalla del tipo más huevón en la tierra.

Claro que todo tiene su lado bueno. Andaba siem-

2 **portátil:** tragbar.
15 **como sea:** wie auch immer.
17 **el concurso:** Wettbewerb.
18 **el compás** (mús.): Takt.
19 **de inmediato:** sofort, unverzüglich.
22 **el bolsón:** große Tasche; hier: Rucksack.
24 **huevón, -ona** (Chil.): dumm, dämlich.

pre con tantas ganas de oír los Schlager, que comencé a meterme a la casa de discos Elektrola Musikhaus en la Kudamm, antes de llegar a Uhland. Señalaba con el dedo las carátulas y pedía que me los pusieran en el tocadiscos. Todo esto no tiene la menor importancia. Lo cuento nada más porque así conocí a Sophie.

Ahora que estoy enredado con Ricitos puedo darme cuenta que nunca me enamoré de Sophie. Ella tendría como cinco años más que yo, y no era precisamente la Reina de Belleza de Charlottenburg, pero fue la primera mujer con la que pasaba algo. Desde el primer momento, supe que algo tendría que pasar con ella. Sophie tenía la profesión más excitante de la ciudad. Atender a todos los tarados que no tenían nada que hacer, como yo, y se metían a Elektrola Musikhaus, a tragar kilómetros de la señorita Leandros, de la señorita Mathieu, y del notable intelectual Udo Jürgens.

2 **Elektrola Musikhaus:** wahrscheinlich das Musikhaus Electrola (Plattenfirma) der 70er Jahre, mit mehreren Plattenspielern und Kopfhörern, wo man die neuesten LPs und Singles anhören konnte, ohne kaufen zu müssen.

3 **Uhland:** weitere Straße im Geschäfts- und Einkaufszentrum Berlins um den Kudamm.

4 **la carátula:** Titelblatt, Plattencover, Umschlag.

14 **el tarado / la tarada** (fam.): der/die Bekloppte, Spinner(in) (*tarado/a:* doof).

16 **tragar:** schlucken.

16ff. **Leandros / Mathieu / Jürgens:** Vicky Leandros, Mireille Mathieu und Udo Jürgens, Schlagersänger der 70er Jahre aus Griechenland, Frankreich und Österreich, die das konservative und sentimentale Schlagerpublikum mit den jeweiligen Landesstereotypen bedienten.

Era mayor que yo, pero sería de mi mismo tamaño. Y tenía una cara chiquita, así como de conejo, y unos ojos inmensos que se los aleteaba a cada rato con esas pestañas falsas cargadas de su buena libra de petróleo. Las pestañas de Sophie eran la falsedad absoluta, pero no la mirada. Era la vendedora más convincente que he conocido, incluyendo a los que venden *Die Wahrheit* en Turm Strasse, los sábados a la salida del Hertie.

Primero que nada, uno le pedía, pongámosle, *Ein neuer Morgen* por el filósofo Udo Jürgens. Ella sonreía y se le ponía como un lago azulito en el fondo de la mirada. Entonces decía esta frase histórica: «Es mi

1 **el tamaño:** Größe.
3 **inmenso/a:** immens, riesig.
aletear: flattern; hier (fig.): beflügeln.
4 **la pestaña:** Wimper (dazu *pestañear:* blinzeln).
la libra: Pfund (453,59 g).
5 **la falsedad:** Falschheit, Unechtheit.
6 **convincente:** überzeugend.
7f. **«Die Wahrheit»:** deutsche Version der *Pravda*, dem offiziellen Organ der Sowjetunion zur Zeit des Kalten Kriegs.
8 **Turm Strasse:** Turmstraße, U-Bahnhof zwischen Alt-Moabit und der Turmstraße.
9 **Hertie:** Kaufhauskette.
10f. **«Ein neuer Morgen»:** Lied von Udo Jürgens, 1975: »... Ganz allein bleibst du auf der Brücke stehen, / nur um stumm auf den Fluß hinab zu sehen. / Es ist spät, doch ein Schmerz läßt dich nicht schlafen. / Du hast Angst, daß die Nacht niemals vergeht. // Doch bald kommt ein neuer Morgen / mit Farben und hellem Licht. / Ja, bald kommt ein neuer Morgen, / das Leben vergißt dich nicht, / es vergißt dich nicht.« Skármeta macht sich über die oberflächlichen Texte der Schlager lustig. Neben den Texten des ermordeten Victor Jara sind sie auch wenig aussagekräftig und voller Klischees.

disco predilecto.» Lo cual pasaba exactamente con todos los discos.

A mí eso no me importaba, porque jamás le compré ningún disco. Y estuve bien, porque creo que le empezó a gustar que yo pasara invicto todos los días de la semana por el mesón con audífonos. Después ponía la aguja sobre el tema y juntaba las palmas de las manos hasta que comenzaba a sonar.

Y cuando llegaba este momento crucial en la historia de su vida, comenzaba a acompañar bajito la letra del intérprete, mirándolo a uno, como si le estuviera cantando a uno mismo la canción. Yo creía que estaba perdidamente enamorado de Sophie, y cuando atendía a otros tipos le miraba bien el pecho y soñaba con mordérselo. Se sabía las letras de todas las canciones del mundo. Yo creo que Dios le había encontrado ese trabajo a la Sophie Braun. Era un perfecto Wurlitzer.

No fui nunca más a la tienda de revistas, por razones que todos sabrán comprender. Ahora me devanaba los sesos tratando de ver cómo plantearle mis

5 **invicto/a:** unbesiegt.
6 **el mesón:** Gasthaus; hier: Theke.
el audífono: Hörgerät; hier: Kopfhörer.
7 **juntar las palmas:** die Hände falten (*la palma:* Handfläche).
9 **crucial:** entscheidend.
18 **Wurlitzer:** Juke Box oder Musikautomat. Amerikanische Erfindung des Rudolph Wurlitzer. Ein Automat, der auf Münzeinwurf zwischen 8 und 120 Platten abspielen konnte. Von den 40er Jahren bis in die Mitte der 60er Jahre sehr populär.
20f. **devanarse los sesos** (fig.): sich den Kopf zerbrechen (*devanar:* abspulen; *el seso:* Hirn).
21 **plantear algo a alg.:** jdm. gegenüber ein Thema anschneiden.

otros intereses, aparte de la música. Finalmente durante una clase de historia, tuve una iluminación.

Al día siguiente llegué a Elektrola Musikhaus y me senté en la punta más lejana del mesón, con el lomo agachado por el peso de mi bolsón colegial en la espalda. Apoyé la barbilla en el mesón y esperé que viniera a atenderme.

Y vino con todo, con su mirada honda y sus pechitos, y ese pelo corto que le apretaba la cara regalona. «¿Qué quieres oír?», me preguntó. Y ahí fue cuando yo hice un supremo esfuerzo y la miré al fondo de su lago, donde saltaban gaviotas, pescados, y muslos aleteando, y no le dije absolutamente nada, pero no la dejé ni respirar con mi mirada encima. Ella ladeó un poco el cuello, y me levantó las cejas. «¿Qué quieres escuchar?»

Ahora o nunca, valientes de la patria, le dije a mi corazón. Y a ella: «No quiero oír ningún disco. Quiero que tú me cantes algo.» Y no sé de dónde saqué mi mano y le eché un zarpazo sobre la suya. Yo sospe-

2 **la iluminación:** Erleuchtung.
4 **el lomo** (fam.): Rücken.
5 **agachar:** beugen, krümmen.
6 **la barbilla:** Kinn, Kinnspitze.
11 **supremo/a:** höchste(r, s), größter(r, s).
12 **la gaviota:** Möwe.
el muslo: Oberschenkel, Schlegel.
14 **ladear:** zur Seite neigen.
15 **la ceja:** Augenbraue.
17 **valientes de la patria:** etwa: Helden des Vaterlandes (*valiente:* mutig).
20 **le eché un zarpazo sobre la suya** (fam.): etwa: ich ließ meine Hand auf ihre fallen (*el zarpazo:* Pranken-, Tatzenhieb).

chaba que en ese mismo momento la tierra se abriría y me tragaría para siempre y vendrían mis papis a poner una crucecita en la tienda de discos. Le apreté más fuerte la mano para que no se diera cuenta que temblaba.

Hasta el momento yo había visto cosas rojas: las rosas, la sangre y los tomates. Bueno, olvídense de todo esto e imagínense la cara de Sophie Braun. En ese instante sentí que había roto la barrera. Que la Sophie sería mi novia. Se quedó ardiendo ahí como Juana de Arco, y mientras ella más enrojecía, yo más tranquilo me iba poniendo. Me sentí la estrella máxima del cine. Entonces la tironeé suavemente de la manita, y le di un beso corto en la boca. ¿Se acuerdan del incendio que duró cinco días en los bosques de Hannover? Olvídense de eso. Me puso las manos en las mejillas, y me empujó la cara, pero no como empujándola, sino como si me hiciera un cariño. «Tonto», me dijo. Y se puso a limpiar el mesón con un trapo de fieltro. No sé para qué limpiaba tanto el mesón si estaba impecable.

2 **tragar:** (hinunter)schlucken.
5 **temblar:** zittern (*el temblor:* Zittern, Beben).
9 **romper la barrera** (fig.): das Eis brechen.
10 **arder:** brennen.
10f. **Juana de Arco:** Jeanne d'Arc, die heilige Johanna. Französische Nationalfigur im Hundertjährigen Krieg gegen England (1337–1453). Wurde auf dem Scheiterhaufen verbrannt.
11 **enrojecer:** erröten.
13 **tironear:** zerren, ziehen.
17 **la mejilla:** Wange.
19f. **el trapo de fieltro:** Filzlappen.
21 **impecable:** tadellos.

Bueno, total que me fue pésimo en Berlín. Nunca robé un chicle, jamás probé un rollito de marihuana, pero me metí en el lío más grande de la historia de Alemania, y todo por culpa de la Sophie. Por ese tiempo yo conocí a los Kumides, y un día en confianza les hablé de la Sophie, y conté lo mismo que les dije a ustedes con las mismas palabras. Yo sabía que el Homero había debutado, y le planté que yo quería salir de perdedores, pero no le hallaba el cuesco a la breva. Yo creo que todos los griegos son tremendos filósofos, porque el Homero estuvo todo un día pensando en la táctica mientras fumábamos tirados en la cama del señor Kumides. Cada cierto tiempo pensaba en voz alta y me enseñó un modo de hablar griego que le llamaba «la Lógica». Me puso el siguiente ejemplo: «Todos los hombres son mortales. Sócrates es hombre. Luego Sócrates es mortal.» Él siempre hablaba así en tres frases. Entre pucho y pucho decía, por ejemplo: «Todas las mujeres necesitan amor. Sophie es mujer. Luego Sophie necesita amor.» Y: «Todos los hombres necesitan amor. Tú eres un hombre. Tú necesitas amor.» Y así seguía cada vez más rápido, y cada vez que decía algo, me preguntaba: «¿Correcto?» Y yo, claro, no le encontraba ninguna falla. Si Homero se preocupa de estudiar harto, puede llegar a ser un gran filósofo.

Era un filósofo optimista. Decía: «Todos los hom-

2 **el chicle:** Kaugummi.
el rollito de marihuana: Joint.
9 **no hallarle el cuesco a la breva:** *buscar el cuesco a la breva* (fig.): nicht wissen, wie etwas geht, wie man etwas angehen soll (*el cuesco:* Kern; *la breva:* Feige).
12 **estar tirado:** (ausgestreckt) liegen.

bres y mujeres necesitan amor. Sophie y tú son hombre y mujer. Luego tú y Sophie necesitan amarse.» Siempre impecable Homero. Me dejaba convencido. Yo jamás le discutí ni una coma.

Una noche la Sophie me acompañó a la casa de Urs, porque se cumplía un año del golpe militar en Chile y andábamos todos como locos pintando carteles para una marcha que se iba a hacer en Savigny Platz. A mí me pusieron en un equipo de pintores, porque los papis se preocupaban de la organización de otros actos y las viejas hacen artesanías chilenas y las venden donde pueden. En septiembre lo menos que se saca son treinta mil marcos. Yo no soy Picasso precisamente, pero con la ayuda de la Sophie nos quedamos pintarrajeando carteles hasta las dos de la mañana.

Era igualito que estar en la casa del papi en Santiago cuando íbamos a los actos de Allende y desfilaban hasta las guaguas. Cuando nos quisimos ir a la casa, el U Bahn lo habían cerrado hasta con cadenas. Empezamos a caminar fumando y mascando pastilla, y yo le tenía el brazo en la cintura a la Sophie, y jugueteaba con estos deditos que Dios me ha dado a trepar

4 **discutir algo:** hier: etwas anzweifeln.
7 **el cartel:** Schild, Poster, Plakat.
8 **la marcha:** Marsch; hier: Protestmarsch, Demonstration.
Savigny Platz: Savignyplatz, S-Bahnhof und Platz mit einem gewissen Charme an der Wilmersdorfer Straße.
14f. **pintarrajear** (fam.): beklecksen; hier: bepinseln.
17 **el acto:** Handlung, Tat, Festakt; hier: politische Veranstaltung.
desfilar: vorbeimarschieren, defilieren.
18 **la guagua** (Chil.): Baby, Säugling.
20 **mascar:** kauen.
22 **trepar:** hinaufsteigen, (hinauf)klettern.

como quien no quiere la cosa. La Sophie es del mismo porte, y así caminando por la calle de noche nos encajábamos perfectamente.

En verdad, yo me veo grande para mi edad, pese a que la mami me dice que me voy a quedar chico porque paso con el pucho en la boca. Con tal que andaríamos ya a una cuadra de la casa de la Sophie, cuando me saqué el gordo del Lotto-Toto del que les hablé antes. En la puerta de uno de esos Spielhalle había una patota de pendejos como yo agarrándose a manotazos y chupando latas de cerveza. Ahí el que estaba menos volado parecía jote. Lo que pasa es que hay muchos por aquí que les gusta cantar como los pajaritos y entonces se fuman unos pitos de cáñamo y se sienten Oh La Paloma Blanca de Nina and Mike

1 **como quien no quiere la cosa** (loc.): heimlich, unauffällig.
2 **el porte:** Fracht; hier: Größe, Kaliber.
2f. **nos encajábamos perfectamente:** wir passten perfekt zusammen (*encajar:* passen).
4f. **pese a que:** obwohl.
7 **la cuadra** (Am.): Häuserblock (in Spanien: *la manzana*).
8 **el gordo del Lotto-Toto:** Sechser im Lotto-Toto.
10 **la patota** (Am.): Gang, Halbstarkenclique.
el pendejo: Dummkopf, Blödhammel.
11 **chupar:** saugen; hier (Am. fam.): saufen.
11f. **el que estaba menos volado parecía jote** (fam.): etwa: der am wenigsten Zugedröhnte stand wie ein Idiot da (*el jote,* Chil., fam.: Idiot).
14 **el pito de cáñamo** (fam.): Cannabisjoint (*el pito:* Pfeife, Zigarette; *el cáñamo índico:* Marihuana).
15 **Oh La Paloma Blanca:** *Paloma Blanca*, deutsche Schlagerversion von Nina und Mike (1975) des englischen Songs *Paloma Blanca* der George Baker Selection. War Nr. 1 in der deutschen Hitparade und ist heute noch beliebter Karaoke- und Schunkelhit bei Alt und nicht mehr ganz Jung.

sello Ariola. Se veía que eran lolos de mi misma edad y antes que pasara lo que pasó, yo ya sabía que algo iba a pasar.

No es que yo sea Sherlock Holmes, pero en cuanto nos vieron tan amarraditos los dos comenzaron a hacer laa-laa-la-lá, es decir la marcha nupcial. Yo a veces también he hecho bromas cuando estoy con patotas, y sé que lo mejor es pasar como Pedro por su casa. Además los cariñosos consejos del papi lo influyen a uno, así que la apreté un poquito más fuerte a la Sophie y tratamos de pasar como si apenas hubiéramos oído maullar un gato. Claro que no pudimos porque se nos acercaron los cuatro y me metieron un tarro de cerveza en la boca y un poco me empujaban y otro poco le acercaban las manos a la Sophie. Además uno de ellos conocía a la Sophie, porque le dijo: «Hola, Sophie.»

Ellos querían que tomáramos de la lata de cerveza y gritaban a la salud de los novios. También querían que la Sophie se metiera en la boca la lata. Así que yo les dije que no gracias, que nos dejaran pasar que estábamos apurados. Ésa fue la peor idea que jamás

1 **el sello:** hier: Plattenlabel.
Ariola: 1958 gegründete Schallplattenfirma der Bertelsmann Gruppe, die vor allem auf dem Gebiet des deutschen Schlagers punktet.
el lolo / la lola (Chil., fam.): Junge, Mädchen.
5 **amarrar:** festbinden; hier: umschlingen.
6 **la marcha nupcial:** Hochzeitsmarsch (bekanntes Musikstück aus *Ein Sommernachtstraum*, 1843, von Mendelssohn Bartholdy).
8 **pasar como Pedro por su casa** (loc.): etwa: so tun, als ob nichts sei.
9 **influir:** beeinflussen.
12 **maullar:** miauen.
13 **el tarro:** Glas, Becher; hier (Am.): (Blech-)Dose.
21 **estar apurado/a:** es eilig haben.

se me ocurrió en Berlín. Primero porque me notaron el acento. Y segundo, porque si estaba apurado a esa hora de la noche y acompañado de la Sophie era que yo quería irme a la cama con ella. Y entonces había uno que después se llama Hans que me mira a la Sophie y me pregunta qué tal es la Sophie en la cama. Y viene y le mete la mano así en palangana por debajo del abrigo.

No sé si yo les he dicho que soy una de las personas más nerviosas de Berlín. Yo creo que a mí la sangre me la pusieron hervida, porque fue oír *eso*, ver *eso*, y zuácate que saqué mi patada de back centro. Sólo que en vez de pegarle a una pelota grande le di justo a dos chiquititas. Allí quedó tendido el Hans y yo estaba como loco.

«Vámonos», me dijo la Sophie y me tironeaba del brazo, y el famoso Hans, que se va a llamar después, estaba planchado en el suelo y se agarraba abajo con una mano y arriba con la otra y ni gritaba ni nada y como que no podía respirar parece. Los otros tres se quedaron parados, como cuando la defensa deja offside al delantero y esperan que el árbitro anule el gol.

1 **notar:** bemerken.
7 **la mano en palangana:** etwa: hohle Hand.
11 **hervir:** kochen, sieden, brodeln.
12 **zuácate** (Am., fam.): etwa: Zack.
14 **tenderse:** sich hinlegen, sich ausstrecken.
20 **respirar:** atmen.
21 **la defensa** (dep.): Abwehr.
21 f. **offside** (dep.): Abseits.
22 **el árbitro** (dep.): Schiedsrichter.
anular: ungültig machen, anullieren, nicht anerkennen.

Estaban de pie, pero quietos como el que estaba en el suelo.

Conclusión, que esa noche la Sophie no me dejó venirme porque pensaba que me estarían esperando abajo. Ni siquiera prendimos las luces. A tientas caminamos hasta la ventana, corrimos un poco la cortina y miramos a la calle. Allí estaban los cuatro. Pero el que recibió mi patada seguía igual, y los otros trataban de levantarlo, pero no había caso.

Sentía que la Sophie respiraba muy fuerte a mi lado, y yo noté que me chorreaba la transpiración. Nos sentamos en un sofá muy viejo que crujía por todos lados, y apenas nos dedicamos a respirar porque la Sophie tenía miedo que despertara su mami. Nos quedamos cerca de una hora mirando la lucecita de la estufa de carbón. Después yo le tomé la mano, y nos apretamos los dedos y los soltamos y volvíamos a apretarnos, y así estuvimos. Después ella se puso a llorar bien lento y largo y a mí no se me ocurrió qué decirle. Eso es algo que siempre me pasa: cuando una persona se pone a llorar no se me ocurre ninguna cosa.

Le pasé la mano por el pelo y le pregunté por qué lloraba. Ella me dijo que tenía miedo. Hablaba tan bajito que apenas la oía. Me asomé otra vez a la calle

5 **caminar** (*andar*) **a tientas:** (im Dunkeln) tappen.
11 **chorrear:** triefen, rinnen.
la transpiración: Schweiß.
12 **crujir:** knarren, quietschen.
15 **la lucecita** (dim.): *la luz.*
19 **no se me ocurrió (nada):** mir fiel nichts ein.
25 **asomarse:** sich hinauslehnen, hinausschauen.

y estaba todo vacío. Hacía viento y se enredaba en las hojas de los árboles.

Cuando llegué a la casa, la familia se había reunido en una asamblea plenaria en la cocina. Me recibieron con honores, como quien dice. Para colmo era un día de esos luminosos, y como nunca hemos tenido dinero para comprar cortinas, las cosas brillaban, y los vidrios parecían llamaradas.

Mi hermano se había achicado como un ratón y tenía la nariz hundida en la leche. «¿Dónde estuviste?», me chilló el viejo. La mami miraba al suelo, agarrándose con los brazos la bata de levantarse. Yo jamás voy a llegar a ningún lado porque me falta la inspiración. Claro que a mi papi también. Seguro que creería que me venía chorreando una sífilis. «¿Dónde estuviste, carajo?» Levanté la vista, y lo miré seguramente con la misma cara de degenerado que él esperaba.

– Pintando – dije.

1 **enredarse:** sich verfangen, sich verwickeln.
4 **la asamblea plenaria:** Vollversammlung.
5 **con honores:** mit allen Ehren.
6 **luminoso/a:** leuchtend, strahlend.
8 **la llamarada:** Flackerfeuer; hier: Flammenwand.
9 **achicarse:** sich klein machen.
el ratón: Maus.
10 **estuviste** (Am.): *has estado*; in Lateinamerika, hauptsächlich in den Ländern Chile, Argentinien und Uruguay, wird in der Vergangenheit anstatt des Perfekts das Pretérito Indefinido benutzt.
11 **chillar:** schreien (*chillón, -ona:* kreischend, schrill).
15 **la sífilis:** Syphilis: ansteckende Geschlechtskrankheit.
16 **carajo** (interj., vulg.): verdammt nochmal (*el carajo,* vulg.: Schwanz).
17 **el degenerado / la degenerada:** verkommene Person.

– ¿Pintando, huevón?
– Sí, papi.
– ¿Y qué estuviste pintando?
– Carteles para el once.
– ¿Hasta las siete de la mañana?
– Sí, papi.

Y ahí tuve la inspiración maravillosa de mirarme las manos que parecían una acuarela. Allí estaban todas esas manchitas salvadoras. Las levanté como el jovencito de la película cuando lo apuntan los bandoleros. Con lo cachudo que es el papi, me dio miedo de que pensara que me las había pintado de propósito.

– Está bien – dijo –. La próxima vez avise.

Me quedó mirando con esa cara orgullosa que pone cuando algo le gusta, y el pecho se le infla como a un palomo. Claro que ahora tuve que bajar la vista junto con los brazos, porque me dio vergüenza esa mentira. Sentí que de repente podría entrar un piquete de policías a detenerme. Se me apareció, igual que si estuviera en el cine, la imagen del muchacho tendido en la acera con la mano hundida entre los muslos. El viejo se había quedado con las ganas de pegarle a alguien, así que fue hacia mi hermano chico y le trabajó un coscorrón suave ahí donde el pelo se le arremolina.

8 **la acuarela:** Aquarell.
10f. **el bandolero:** Wegelagerer, Bandit.
11 **cachudo/a** (Chil., fam.): misstrauisch.
15 **inflar:** aufblasen, aufblähen.
16 **el palomo:** Täuberich (*la paloma:* Taube).
18f. **el piquete** (mil.): Trupp.
21 **la acera:** Bürgersteig.
24f. **arremolinarse:** etwa: einen Wirbel bilden (*el remolino:* Wirbel).

– ¿Y usted qué hace que no se ha ido al colegio? – le gritó.

Mi hermano agarró el bolsón de arriba de la mesa y salió corriendo mientras mascaba un pan. Yo también me colgué la bolsa, fui hasta el lavaplatos y me mojé un poco la frente y los ojos.

– ¿No vas a tomar desayuno? – dijo la mami.

Yo ya estaba todo en onda de héroe de la patria, así que haciéndome el ofendido, me peiné enredándome los dedos en mi jopo, y salí sin mirarlos.

– No tengo hambre – dije.

En el recreo de las nueve y media anduve buscando por todo el patio un poquito de sol para echarme una siestecita, pero hasta el cielo estaba contra mí, porque al poco rato comenzó a llover finito.

Me entré a la sala, y traté de dormir un poco con los brazos cruzados sobre el banco. Cuando ya había agarrado un poco de vuelo sonó la campana para la clase de alemán. Yo pensé que me dormiría y que toda Alemania se iba a enterar de que me había pasado la noche en pie como un caballo, y de que me iban a meter un termómetro y que me mandarían a la casa con una nota para el papi, que yo mismo tendría que traducírsela.

Pero con todo, fue una de las mejores clases que recuerdo en mi vida, porque Herr Kolberger nos hizo

5 **el lavaplatos:** Spülmaschine; hier: Spülbecken.
8 **estar en onda de héroe** (fam.): etwa: auf der Heldenschiene sein (*la onda:* Welle).
10 **el jopo** (Am., fam.): Haarschopf.
18 **agarrar vuelo:** abheben (Flugzeug); hier (fam.): einschlafen.

discutir sobre una obra de Brecht que el curso había visto la semana pasada en la Hansaplatz. Se llama *La excepción y la regla*, y a mí me parece formidable porque la obra prueba que los ricos se compran a los jueces y de que los jueces no son nada imparciales. A mí me interesa mucho esa obra, porque allá en Chile siempre los jueces condenaban por cualquier cosita a la gente pobre, y en cambio, los ricos podían hasta matar y no les pasaba nada. Allá en Chile, los jueces son momios. Yo no sé cómo serán en Alemania.

En los últimos minutos el profesor nos pidió que hiciéramos un dibujo que ilustrara el significado de la obra. Yo pinté a la diosa de la justicia con una bolsa

1 **Brecht:** Bertold Brecht (1898–1956); einflussreichster deutscher Dramatiker und Lyriker des 20. Jahrhunderts und Begründer des epischen bzw. dialektischen Theaters. Weltbekannt sind seine Stücke *Mutter Courage und ihre Kinder* oder *Der gute Mensch von Sezhuan*.

2 **Hansaplatz:** Platz im Hansaviertel im Berliner Bezirk Mitte; hier bezieht sich Skármeta wahrscheinlich auf das GRIPStheater, dessen Haupthaus am Hansaplatz ist.

2f. **«La excepción y la regla»:** *Die Ausnahme und die Regel* ist ein Lehrstück Brechts, das sich mit den Fragen beschäftigt, »Wie gerecht sind Richter? Ist es überhaupt möglich, unparteiisch und unvoreingenommen zu sein? Biegt sich jeder die Gesetze zurecht? Bereut ein Richter Urteile?« Das Lehrstück passt einerseits zu Skármetas Seitenhieb auf die Korruption in der chilenischen Justiz der Reichen und Militärs und andererseits auch zu Luchos persönlichem Dilemma: Er hat gerade eine Straftat begangen und sich durch eine Provokation zu Gewalt hinreißen lassen. Als Flüchtling droht ihm eine viel härtere Bestrafung als einem Deutschen.

5 **imparcial:** unparteiisch.

10 **los momios** (Chil., pey.): Pejorativ der Unidad Popular für die »zu Mumien erstarrten« Konservativen in Chile, die Pinochet unterstützten.

de dinero, y Herr Kolberger me dijo que estaba bien. Salí contento del colegio porque siempre me gusta que me encuentren bien las cosas que hago. Tengo un amor propio del porte de un caballo.

Me duró bien poco el alegrón. Cuando llegué a la disquería, la Sophie fue cuestión de verme y de largarse a llorar. Me dijo que el Hans estaba en el hospital. Por si tienen mala memoria, el Hans era ese que yo había tendido anoche. Que el hermano grande andaba buscándome. Que quería saber mi dirección. Que donde me pillara, me iba a arreglar.

Yo me quedé mudo, qué iba a decirle. Había recién salido el último long-play con los Schlager y no sentí ninguna gana de oírlo. La Sophie me dijo que era mejor que me fuera. Yo traté de tomarle la mano, pero me la retiró. Mientras atendía a otro cliente, hice como que revisaba el catálogo de casetes. Después la Sophie se me acercó y me dijo que no nos viéramos por un tiempo. Yo le pregunté si lo que quería decirme era que no quería verme nunca más. Y ella me dijo como te parezca.

Ni siquiera andaba con un cigarrito para pasar el mal rato. Pensé que si me ponía a fumar despacio, ella me agarraría la mano y volvería a ser mi novia. Pero así, sin cigarrillo ni nada, me sentí totalmente en pelotas. *Offside*.

Bueno, le dije, como tú quieras.

3f. **tener un amor propio del porte de un caballo** (fig.): etwa: von sich selbst sehr eingenommen sein (*el porte:* Auftreten, Erscheinung).

5 **el alegrón** (fam.): Riesenfreude (*-ón* ist verstärkende Nachsilbe).

11 **pillar:** erwischen.

arreglar a alg. (fam.): jdn. fertig machen.

Salí de la disquería con las orejas hirviendo y las rodillas temblando. Bajé a la estación del U Bahn en Uhlandstrasse, y estuve como una hora en el andén viendo partir y llegar el tren corto de la línea a Wittenbergplatz.

Total, estaba perdido por goleada. No tenía mi país, la Sophie no quería verme nunca más, un tipo me andaba buscando para arreglarme, y había mandado a un alemán al hospital. Por mucho menos hay gente que se pega un tiro. En vez de tirarme a las ruedas del tren fui a recoger cajas en Albrecht y lo hice con tantas ganas que a las dos horas había terminado con toda la basura y volví a casa.

¿Ustedes han oído ese refrán que dice «hogar dulce hogar»? Bueno, al tipo que lo inventó habría que darle el Premio Nobel de los mentirosos.

En abriendo la puerta, la mami me dijo que me había estado llamando todo el día un fulano. Que hablaba en alemán y preguntaba por el chileno. La mami es la campeona mundial de las intuiciones. Me preguntó en qué líos andaba metido. No le contesté nada, y me fui a sentar al lado del teléfono, y lo quedé mirando igual como si de repente fuera a salir de adentro un perro ladrando.

A los cinco minutos ring-ring. Me hubiera gustado no tener orejas en ese momento. Lo único que se me

2 **la rodilla:** Knie.
4f. **Wittenbergplatz:** Platz in Berlin-Schöneberg.
6 **estar perdido/a por goleada:** etwa: vernichtend geschlagen sein (*la goleada*, dep.: Torsegen).
10 **pegarse un tiro** (fam.): sich die Kugel geben.
18 **el fulano:** irgendwer, ein Typ.

ocurrió fue dejarlo sonar. Apoyé el mentón en el puño y esperé que se callara. Entonces me llegó la dulce voz de la mami: «Teléfoooonoo.» Levanté el fono y me lo puse lejos de la oreja manteniendo la respiración.

– ¿Aló? – dijo el tipo.

Yo no dije una palabra. Debía ser que tenía miedo de que si hablaba algo, el tipo saldría por el teléfono.

– ¿Aló? – dijo –. ¿Eres tú el chileno?

Puse suave el tubo en el gancho y después de haber colgado le pasé por encima la mano, como si quisiera borrar las huellas digitales. Me di vuelta hacia la cocina con ganas de meterme a llorar en el delantal de la mami igual que cuando era niño en Santiago. Apreté fuerte las piernas porque ya estaba que me hacía. Y entonces ring-ring, otra vez. Ni me había dado cuenta de la cantidad de saliva que tenía acumulada en la boca.

Levanté rápido el tubo y lo traje más cerca de la oreja. Ahora tenía miedo de que la mami se apareciera y oyese la conversación. Y como cada vez que se tira la lotería, yo me saco el Gordo, fue exactamente

1 **el mentón:** Kinn.
4 **el fono:** Hörer.
10 **el tubo** (Am.): Hörer.
el gancho: Haken; hier: (Telefon-)Gabel.
12 **la huella digital:** Fingerabdruck.
13 **el delantal:** Schürze.
15 **ya estaba que me hacía:** etwa: ich machte mir schon fast in die Hose.
17 **la saliva:** Speichel, Spucke.
acumular: anhäufen, ansammeln.

lo que pasó: la mami que se queda bajo el marco de la puerta secando un plato y sumamente interesada en la conversación.

– ¿Aló? – dijo la voz. Era un poco chillona, lo que me puso más nervioso. Tapé el tubo y le dije a la mami: «Un amigo» –. ¿Aló? ¿El chileno?

– Sí – dije, carraspeando –. Soy yo.

Mi vieja seguía dando vueltas el paño en el plato. Creo que nunca jamás se había visto un plato más seco que ése.

– Recién te llamé y cortaste. Te crees muy inteligente, ¿cierto?

– No – dije.

– Sabes quién soy, ¿no?

– Ni idea – le dije.

– ¿En serio?

–¿De qué están hablando? – preguntó la mami, siempre tan trabajadora con el plato.

– En alemán – le dije.

– Si ya me di cuenta que es en alemán. ¿Pero qué dice?

– Un momento – le dije al tipo de la voz. Tapé el tubo –: Por favor, mami, déjeme hablar, quiere.

La vieja me miró con esa mirada fulminante de las mamitas cariñosas, y se fue por el pasillo.

– ¿Aló? – dije.

1 **el marco:** Rahmen.
2 **sumamente:** äußerst, höchst.
7 **carraspear:** sich räuspern.
8 **el paño:** Tuch.
24 **la mirada fulminante:** blitzende Augen (*fulminante:* blitzartig, flammend).

– ¡Aló! ¿Qué pasa ahí?

– Nada.

– Bueno – dijo –. Yo soy el Michael.

Yo para disimular soy mandado a hacer:

– ¿Michael cuánto?

– Tranquilo, no más. Eso no tiene importancia. Soy el hermano del Hans.

– No conozco a nadie con ese nombre.

– Bueno, yo no llamé para discutir a quién conoces y a quién no. Mi hermano está en el hospital.

Me quedé respirando y no se me ocurrió nada.

– ¿Sabías que estaba en el hospital? – Miré por el pasillo por si aparecía la mami. El corazón me daba patadas. Era como si me faltara el aire –. Está grave – dijo –. Grave – repitió.

Quise decir: «¿En serio?», pero no tenía sonidos en la garganta.

– Sí – dije.

– Y yo te llamaba para decirte que te voy a hacer lo mismo que tú le hiciste al Hans.

– Sí – dije.

De repente se me había olvidado todo el alemán. Así era al comienzo cuando no entendía nada. Repetía *sí, sí,* y ponía cara de idiota.

– Donde te encuentre, te voy a sacar la cresta.

– Sí – dije.

4 **ser mandado a hacer:** wie geschaffen für etwas sein.

14 **está grave:** es geht ihm sehr schlecht (*estar grave:* schwerkrank sein).

25 **sacar la cresta** (fam.): *sacar la chucha:* es jdm. zeigen (*la cresta:* [Hahnen-]Kamm).

– Y si el Hans se muere en el hospital, antes que te agarre la policía yo voy a matarte, ¿sí?

– Sí.

– ¿Entendiste bien?

– Sí.

– En cuanto salgas de la casa, te agarro y te hago pedazos. ¿Oíste, Chileno?

– Sí.

– Si eres valiente te invito a pelear conmigo esta misma tarde. Nos juntamos en el S Bahn Bellevue, a las cinco en punto.

Miré el reloj.

– No – dije.

– ¿Tienes miedo?

Tenía el tubo empapado de sudor. Era como si fuera de chocolate y se estuviese deshaciendo. Michael se quedó callado y le sentía nada más que la respiración. De repente se me ocurrió meterle un tema de conversa. Se me ocurrió preguntarle por su simpático hermanito.

– ¿En qué hospital está tu hermano? – le dije.

– En el mismo al que vas a ir a parar, tarado.

– No, Michael. En serio.

– ¿Le quieres llevar flores y chocolates?

– No, quería saber no más.

6f. **hacer pedazos a alg.** (fam.): jdn. in Stücke schlagen, in Stücke reißen.

15 **(estar) empapado de sudor:** schweißnass sein (*empaparse:* völlig nass werden).

16 **deshacerse:** sich auflösen, zerfließen, schmelzen.

19 **la conversa** (fam.): *la conversación.*

22 **ir a parar:** landen, enden.

– Está grave. No puede hablar. Conmigo te la tienes que arreglar ahora.

En uno de esos ratos, me pareció que despertaba de un sueño. Era igual que si me abriera un chorro de agua helada en la cabeza: ¿De dónde había sacado Michael mi número de teléfono? Habré pestañeado un par de veces pensando, y gracias a la admirable ayuda de la lógica de Homero llegué a la conclusión que el numerito de la suerte sólo pudo habérselo dado mi fiel enamorada Sophie Braun. Lo que ahora tenía en la cabeza, aparte de la mierda habitual, era cómo exactamente el tal Michael le había sacado el número a Sophie: si a patadas, como parecía ser su estilo, o con besitos y arrumacos, y agarrón aquí y allá.

Me bajó una tristeza más honda y larga que cuchillo. La primera mujer de mi vida, y la primera traición. Con experiencias como éstas, de cantar Schlager tendría que pasar a componerlos. Se me ocurrió qué pensaría el afamado poeta y pensador Udo Jürgens si le escribiera una poesía donde la niña no sólo patea a su enamorado sino que además le da el número de teléfono a un matón para que lo ubique y le saque la cresta. Ahora me imaginaba a Michael como un tipo

4 **el chorro:** Strahl.
10 **fiel:** treu.
14 **el arrumaco:** Geschmuse.
el agarrón: kräftiger Ruck; hier (fam.): Gegrapsche.
17f. **la traición:** Verrat (*el traidor / la traidora:* Verräter[in]).
20 **afamado/a:** berühmt.
21 **patear:** (mit Füßen) treten.
23 **el matón:** Schläger, Killer.
ubicar (Am.): platzieren; hier: finden.

todo lo contrario de yo: se habría metido en la casa de Sophie, le habría levantado las faldas, conectado la televisión, y entremedio del numerito ella le habría citado mi guarida. Seguro que todo lo que yo había conseguido en meses, el tal Michael lo había disfrutado en un minuto. Seguro también que sería alto, buenmozo, bien vestido, y con puños de acero.

¿A lo mejor ustedes creen que a mí se me ocurrió ir a ver a la Sophie y sacarle la cresta por traidora? No, me quedé ahí al lado del teléfono dándole vueltas a mi pena, metido adentro de mi pena.

– Bueno, Chileno, ¿vienes o no?

– No – le dije.

– Entonces, donde te agarre ...

– ... me sacas la cresta. Eso ya lo dijiste.

– Entonces ...

– ¿Tú y cuántos más?

Hundí el aparato en el gancho como si quisiera quebrar un huevo, y me quedé esperando las patadas que vendrían por el hilo telefónico. No sé por qué me puse tan valentón en las últimas palabras, pero estaba respirando agitado igual que si viniera de pelear o de jugar al fútbol.

Me pasé el resto del día espiando por la ventana. A

3 **entremedio:** *en medio:* inmitten; hier: während.
4 **citar:** zitieren; hier: verraten.
la guarida: Höhle, Versteck.
5 f. **disfrutar:** genießen.
19 **quebrar:** zerbrechen.
20 **el hilo telefónico:** Telefonschnur (*el hilo:* Faden).
21 **valentón, -ona:** angeberisch, großtuerisch.
24 **espiar:** spionieren; hier: spähen.

veces me ponía a seguir el vuelo de los patos y las palomas sobre el río, sin ganas de ver la televisión ni leer historietas. Después puse la radio, e hice dibujos de Sophie mientras oía a los Schlager.

Cuando llegó el papi, apagó la música y se puso a llamar a los compañeros porque al día siguiente era el 11 de septiembre. Estaba enojado porque los chilenos no se habían puesto de acuerdo y resulta que iban a hacer dos marchas contra la Junta Militar. A mí no me llamó la atención porque pese a que aquí somos todos buenos amigos, cada vez que los chilenos se juntan, discuten toda la noche. Me fui a comer la sopa, pero antes hice pedazos la foto de Sophie y la tiré al papelero.

No pude quedarme dormido. Miraba los reflejos del río en el techo y quería formar dibujos con los movimientos, pero no me resultaba nada. Por primera vez me di cuenta de lo importante que es dormir. Lo único que quería es que viniera una nube negra de sueño y me llevara lejos de la casa y la ciudad.

Cuando logré dormir un poquito, ya estaba aclarando, y a la media hora sonó el despertador y la mami apareció con su bata para darnos el desayuno.

Yo parecía un disco rayado: lo primero que hice fue ir desnudo hasta la ventana y mirar hacia las dos esquinas. Se me ocurrió decirle a la mami que me sentía enfermo. Que no había podido dormir de noche porque me dolía el estómago y tuve que ir varias veces al

14 **el papelero** (fam.): Papierkorb.
24 **el disco rayado:** zerkratzte Schallplatte (die sich immer wiederholt).

baño. Se lo dije en cuanto entré a la cocina y el Viejo me gritó que me fuera a lavar y después a clase. Me echó un lindo discurso patriótico sobre las desventajas de enfermarse el 11 de septiembre. Me siguió hasta el baño diciéndome que yo me echaba a morir por un dolorcito de guata, y que pensara mejor cómo estaban los niños de Chile con sus padres presos y pasando hambre.

Traté de cerrar la puerta y peinarme con calma, pero el papi se me instaló al lado y me dijo que tenía que ir a la marcha y gritar como todos y no olvidarme nunca de por qué estábamos aquí. Lo que me revienta del papi es que siempre me repite cosas que me sé de memoria. Después que desenredé el pelo con la peineta me metí las manos en la mata y me lo despeiné. Yo creo que la gente peinada se ve muy desabrida.

Mi hermano chico siempre lleva sándwiches para el colegio y la mamá se los envuelve en una servilleta verde. Pero es tan fanático para comer, que en cuanto llega a la esquina lo desenvuelve y le trabaja al diente. Después en el recreo se consigue sándwiches con los compañeros. Los queda mirando con cara de que se le va a cortar la hiel hasta que le tiran su mitadita.

3 f. **la desventaja:** Nachteil.
6 **la guata** (Am.): Bauch.
12 **reventar:** platzen; hier (fam.): nerven.
14 **desenredar:** entwirren, durchkämmen.
la peineta (fam.): Kamm.
15 **la mata** (fam.): Strubbelkopf.
16 **desabrido/a:** fade, öde.
18 **envolver:** einwickeln, einpacken.
23 **se le corta la hiel** (fam.): etwa: ihm platzt die Galle (*la hiel:* Galle).

Justo que mi hermano va desenvolviendo el sándwich, cuando yo siento patente que nos están siguiendo. Era como si mi misma sombra de pronto tuviera peso, como si de repente el cielo me estuviera aplastando la espalda.

– Vamos a caminar un poco más rápido – le dije al Daniel, apretándolo del codo.

– ¿Por qué? Es temprano todavía.

– No mires para atrás, pero hay alguien que nos está siguiendo.

Dije eso y lo agarré del cogote porque siempre hace lo contrario de lo que uno le pide. Después tuve que apretarlo del mismo cogote porque comenzó a correr. Así frenado, me lo llevé una media cuadra.

– Suéltame – me dijo –. Que así no puedo tragar el sándwich.

– Te voy a soltar. Pero si miras atrás o si corres, te rompo la cabeza de un bolsonazo.

– ¿Por qué nos persiguen?

– Es que uno quiere pegarme.

– ¿Por qué?

– Cállate.

– Pero ¿por qué?

– No te puedo decir.

– ¿Le robaste algo?

2 **patente:** sichtbar, merklich.
4f. **aplastar:** zerquetschen, zermalmen.
7 **el codo:** Ellbogen.
11 **el cogote:** Genick, Nacken.
15 **soltar a alg.:** jdn. loslassen.
18 **el bolsonazo** (fam.): Schlag mit der Tasche; hier: mit der Schultasche.

Ahí tuve que pegarle un coscorrón.

– ¡Cállate, te digo!

Íbamos bien rápido, yo encogido igual que si hiciera frío. Pero el día estaba lindo. Si yo no hubiera tenido problemas, seguro que andaría despacito mirando los pájaros y silbando.

– ¿Por qué no le avisas a la policía?

– No puedo.

– Pero ¿por qué?

– Dame un pedazo de sándwich.

Le arranqué un trozo y me lo puse a mascar por hacer algo. Ni se me ocurría tragarlo. No hubiera podido. Parecía que el cuello de mi camisa fuera de cemento. Al contrario, las piernas las sentía suaves.

– ¿Quieres que mire para atrás con disimulo? – me dijo el Dani.

– Ahora cuando crucemos. Haces como que miras si viene un auto y te fijas, ¿ya?

– Ya.

– Fíjate cuántos son.

– Ya.

– Crucemos ahora.

Lo apreté fuerte del codo y lo conduje por la calle entre los autos detenidos en el semáforo. No quise mirarlo cómo miraba.

– ¿Te fijaste?

– Sí.

– ¿Cuántos son?

– Uno no más.

– ¿Cómo es?

15 **con disimulo:** unauffällig, heimlich (*el disimulo:* Verstellung).

– Grande.

– ¿De qué porte?

– No sé. Grande.

– No seas huevón. ¿Grande como el papá?

– No, tanto no.

– ¿Como yo?

– Más grande que tú. Debe tener novia.

– ¿Tendrá diecisiete años?

– A lo mejor.

Boté el pan masticado en la boca y lo tiré todo decente y ciudadano civilizado en el basurero.

– ¿Te va a pegar?

– Si me pilla me pega. ¿Cómo está vestido?

– Con una chaqueta de cuero y un gorro con orejas.

– Mira bien disimulado y dime si está cerca o lejos.

El Dani se rascó la cabeza y miró para atrás como si estuviera viendo un cometa. Es muy discreto mi hermanito.

– ¿Y?

– Igual.

– ¿Donde mismo?

–Donde mismo. Ya te salvaste, estamos llegando a la escuela.

Se me ocurrió que peor sería que en vez de pegarme, fuera a hablar con el director de la escuela. Ya me imaginaba en un reformatorio tomando el sol a rayas.

10 **botar** (Am.): wegwerfen.
10f. **decente:** anständig.
14 **el gorro:** Mütze.
17 **el cometa:** Komet.
26 **el reformatorio:** Erziehungsanstalt, Jugendvollzugsanstalt.

Atravesamos el patio del colegio y sin saludar a nadie me fui hasta las salas del segundo piso y me asomé por la ventana, sacando sólo un ojo de perfil.

Y entonces lo vi clarito. Estaba con las manos en el bolsillo frente a la reja de entrada mirando entrar a todos los alumnos. No era mucho más grande que yo, pero a lo mejor sería por el abrigo de cuero que se veía muy fuerte. Bajé a mi aula y durante toda la mañana no me pude concentrar en nada. A la última hora, me acerqué al Peter Schulz, y le dije que si me acompañaba a casa le prestaría el último número de *Asterix*. Elegí al Peter no porque fuera el más simpático, sino porque en el curso le dicen el kilómetro. Es más o menos del porte de un poste, y ancho como un chuico de vino.

Yo creo que mi miedo estaba enchufado al teléfono. Fue llegar a la casa y ring–ring. Parecía que el Michael me seguía los pasos con cronómetro. Lástima que no podía mostrarle al Peter Schulz por teléfono.

– ¿Chileno?

– Sí.

– ¿Cómo estás?

– Bien, gracias.

Era una conversación de lo más cortés como se habrán dado cuenta. A lo mejor enseguida me invitaría a tomar té con galletitas.

– ¿Y tú? – dije.

3 **sacar un ojo de perfil:** etwa: verstohlen hinüber schauen.
5 **la reja:** Gitter.
14 **el poste:** Pfosten, (Telefon-)Mast.
el chuico (Chil.): Korbflasche, Ballon.
15 **enchufar:** anschließen, verbinden.
25 **la galletita** (Am.): *la galleta:* Keks.

– Bien, también. Y bueno, me alegro, porque te voy a sacar la cresta. Te voy a dejar paralítico a patadas y te voy a enterrar los dedos en los ojos.

– Difícil – le dije.

Siempre me pasa, tengo la lengua más rápida que el pensamiento.

– ¿No me crees? ¡Te voy a hacer pedazos!

– ¿Ah, sí? ¿Tú y cuántos más?

A estas alturas apenas podía sostener el aparato con los temblores, pero el silencio que le produje con mi última frase tiene que haber llegado hasta el polo.

– ¿Aló? – le dije.

– Escucha, Chileno. Esta tarde a las cinco te paso a buscar por la puerta de tu casa, para llevarte a pelear. Vamos a pelear de hombre a hombre.

– Hoy no puedo – le dije.

– Mañana entonces. Mañana a las cinco.

– Como quieras.

– Mañana a las cinco. Y solo, ¿oíste?

– Tú también – le dije. Y corté.

No sé si les he dicho que yo soy especialista para acumular cosas. De repente hay un año en que no me pasa nada, y de repente me pasa todo en el mismo día. El 11 de septiembre se hizo un tremendo acto en Kreutzberg y los chilenos les enseñamos a los alemanes a gritar las

3 **enterrar:** eingraben, vergraben.

9 **sostener:** halten.

24 **Kreutzberg:** Kreuzberg, Berliner Stadtteil, der zu Zeiten der Mauer von drei Seiten umschlossen war und deshalb sozusagen im Osten des Westens eine eigene Alternativkultur entwickelte. Durch den hohen Ausländeranteil und die multikulturelle Vielfalt weit über die Stadtgrenzen bekannt, ist Kreuzberg am 1. Mai regelmäßig wegen Straßenschlachten in den Medien.

consignas que usábamos en Chile. Les sale harto bien. Aprendieron «El pueblo unido, jamás será vencido», «UP, tira pa'arriba», y «Compañero Salvador Allende, presente». Ellos parecen que saben uno sólo no más. Ese que dice «Internationale Solidarität».

Ése fue un día muy especial en la familia, porque mi papi subió a decir el discurso en Hermann Platz. Le pusieron una traductora. Bien simpática la cabra. Mi viejo es incapaz de decir tres palabras sobre Chile sin emocionarse, así que a los dos minutos estaba a grito pelado, y a los cinco se le caían las lágrimas hasta del bolsillo. Menos mal que iba dejando huequitos para que entrara la traductora, y así podía respirar y sonarse las narices. Mi papi se echó flor de discurso. Yo lo encuentro especialista para comunicarle cosas a la gente. Acuérdense del nombre de mi papi, que el día menos pensado pasa a ser senador.

El viejo dijo que Pinochet estaba en la parrilla. Que agradecía la solidaridad internacional, y que Chile se estaba llenando de héroes. Habló de los compañeros presos y torturados, y terminó con el puño en

1 **la consigna:** hier: Parole, Schlachtruf.
3 **UP:** Unidad Popular.
pa'arriba: *para arriba.*
4 **presente:** hier: (er) lebt, (er) ist unter uns.
7 **Hermann Platz:** Hermannplatz; Platz, der die Berliner Bezirke Kreuzberg und Neukölln trennt.
10 f. **estar a grito pelado** (fam.) etwa: aus vollem Hals brüllen.
12 f. **el huequito** (dim.): *el hueco:* Loch, Lücke; hier: Pause.
14 **sonarse las narices:** die Nase schnäuzen.
se echó flor de discurso (fig.): er hielt eine Rede vom Feinsten.
18 **estar en la parrilla:** gegrillt werden; hier (fig.): erledigt sein.
21 **torturar:** foltern.

alto diciendo «Venceremos» y lo aplaudieron como media hora. Yo fui al escenario a felicitarlo, y no se podía pasar de tanta gente. Entonces empezaron con eso de «Internationale Solidarität» y el alemán que dirigía el acto agarró el micrófono y dijo que estaba muy bien eso de la Internationale Solidarität, pero a ver si ahora la manifestaban en las alcancías que empezaron a circular.

El Urs siempre anda viendo de dónde sacar plata para la Resistencia y entre broma y broma se va juntando una buena cantidad. Cuando llegué hasta el lado del papi, le tendí la mano y le dije: «Estuviste descueve, Viejo.» Él me sacudió el pelo y les dijo a sus amigos: «Éste es mi hijo.» Me pasaron una alcancía, y mientras cantaba Liberación Americana los temas de los Quilapayún, fui metiéndome entre la gente diciéndoles: «Metan fuerte, compañeros.» Y en eso estaba, cuando ¿a que no adivinan quién estaba en persona en medio de todos los internationale solidarität?

No, pu', esta vez se equivocaron. No era Michael. Era nada menos, respetable público, que la Edith Kramer, mi compañera de curso, apretada en unos bluejeans riquísimos, con los ricitos encendidos bajo el farol y las manos hondas en esas parcas marineras que tienen los bolsillos altos.

Yo me quedé paralizado con la alcancía y como

12 **tender la mano a alg.:** jdm. die Hand reichen.
13 **descueve** (Chil., fam.): super, geil, cool.
21 **pu'** (Chil., fam.): *pues*; wird emphatisch an viele Floskeln angehängt: *ya pu'*; *no, pu'*; *'ta bueno pu'*; *¿hasta cuándo, pu'?*; *naa pu'*.
25 **el farol:** (Straßen-)Laterne.

que quise taparla con la otra mano, porque nunca se me había ocurrido pedir plata para Chile a los compañeros del colegio, y menos que nada a la Edith Kramer (Ricitos, para los amigos), que escribía las más tristes composiciones sobre el otoño en septiembre y los más alegres poemas sobre la primavera en abril.

Yo siempre había tenido ganas de meterle la mano entre el pelo y tocarle uno a uno sus rizos y también todos juntos. Pero las chicas del curso se iban a los rincones del patio en los recreos y se pasaban todo el tiempo riendo como ratoncitos. Había muchas que tenían espinillas del porte de una estrella, y pasaban como diez horas en el baño llenándose la cara de cremas mágicas.

También en clase les daba por meterse cremita y eso a mí me ponía nervioso. A los cabros del curso nos trataban con la más cruel indiferencia. Quién más quién menos, se creía una princesa destinada para los tipos de los cursos superiores, a los que le hacían ojitos que era un escándalo. Cuando uno se les acercaba a hablarles, a la segunda frase simulaban un bostezo de esos trágame tierra y nunca te miraban a los ojos, porque estaban pendientes de algún grandote que nunca faltaba en los alrededores. Tratar de meterles amistad era como empezar un ajedrez dando la dama de ventaja.

10 **el rincón:** Ecke.
12 **la espinilla:** Pickel, Mitesser.
17 **la indiferencia:** Gleichgültigkeit.
21 **el bostezo:** Gähnen.
23 **estar pendiente de algo/alg.:** auf etwas/jdn. aufpassen, sich um etwas/jdn. kümmern.
25 **el ajedrez:** Schachspiel.
la ventaja: Vorteil.

Total, preferíamos ir a darnos de patadas en el fútbol o a preparar cartillas del Toto. El Toto nos tiene vueltos loquitos. Es que en mi curso a todos nos ha dado por ser millonarios. Así que fue ver ahí a Ricitos y quedarme mudo como si me hubieran tapiado la boca con un cinturón de castidad.

– Hola – me dijo ella.

– Hola – le dije yo.

Como habrán podido apreciar era una conversación de lo más filosófica.

– ¿Cómo te va?

– Bien. ¿Y a ti?

– Bien.

– Qué bueno.

Nos miramos un milésimo de segundo, bajamos la vista a los zapatos, y después los dos miramos alrededor.

– Hay harta gente, ¿no? – dijo ella.

– Harta.

Me miró la alcancía.

– ¿Están juntando plata?

Yo también me miré la mano y puse una cara toda indiferente.

– Ah, sí – dije –, un poquito.

Se arregló con unos toques de la mano los rizos y

2 **la cartilla del Toto:** Totoschein.
2 f. **tener vuelto loco/a a alg.:** jdn. verrückt machen.
5 **mudo/a:** stumm.
tapiar: zumauern; hier: verschließen.
6 **el cinturón de castidad:** Keuschheitsgürtel.
15 **milésimo/a:** tausendste(r, s); hier: tausendstel.
25 **el toque:** Berührung.

sonrió apenitas. Después le tiró la manga a un señor que estaba al lado, que también tenía el pelo lleno de rizos, y me mostró señalándome con el dedo.

– Éste es el Lucho – dijo –. El chileno de mi colegio.

El hombre me pasó la manota y me pegó un apretón largo y meneado.

– Mucho gusto, compañero – dijo.

– Mi papi – dijo la Edith. Le mostró ahora con el mismo dedo la alcancía – El Lucho anda juntando plata.

El señor Kramer metió la mano en la chaqueta y sacó una gorda monedita de cinco marcos. La puso en la ranura de la caja, se cruzó por delante de su hija, y me zamarreó de los hombros mirándome con seriedad.

– ¿Cómo te sientes en Berlín?

– Bien, señor.

– ¿Ningún problema?

– No, señor.

– Está bien, entonces.

Ahí fue cuando el acto estaba por terminar y Liberación Americana le metió a *Venceremos* a pedido del público. El señor Kramer me soltó del hombro y cantó el estribillo, pero nada más que la parte que dice

1 **apenitas** (dim.): *apenas:* kaum; hier: ein bisschen.
6 **la manota:** Pranke.
6f. **el apretón** (de manos): Händedruck.
7 **menear:** schwenken, schütteln; hier: gut durchschütteln.
14 **la ranura:** Schlitz.
15 **zamarrear:** herumzerren; hier: durchbeuteln, schütteln.
25 **el estribillo:** Refrain.

«venceremos» y después me miró a mí para que le cantara el resto, pero no hubo caso, y tuve que hacerle así con los hombros que no había caso, porque parece mentira pero jamás me la he podido aprender.

Y es que no entiendo bien la letra. Por ejemplo no sé lo que es el crisol de la historia, ni quién el soldado valiente. Me dio vergüenza y me propuse preguntarle al papi qué significaba y aprendérmela bien para la próxima marcha.

Después el señor Kramer le dijo a la Edith que por qué no me invitaba mañana a comer a su casa. Yo no entiendo la letra de *Venceremos*, pero tampoco a las mujeres. Fue oír eso que dijo el papi y pegar un chillido y un salto de alegría, igualito que si yo fuera un novio propio de su propiedad. Y por si fuera poco, señoras y señores, me plantificó un beso en la mejilla, pero cargadito a la punta de la boca, que me puso colorado como este jersey.

– Mañana a las ocho – me dijo, y se fue colgada del brazo del viejo, haciéndome adiós con la mano igual que si hubiera tomado un tren.

Esa noche vinieron muchos a mi casa y tiraron todo el dinero en la mesa del comedor. El Urs, la Alejandra y el Jorge fueron separando las monedas grandes en grupos. También se veían hartos billetes. El Urs

6 **el crisol:** Schmelztiegel.

13 f. **pegar un chillido:** einen spitzen Schrei ausstoßen (*el chillido:* Kreischen).

14 f. **que si yo fuera un novio propio de su propiedad:** etwa: als ob ich ihr ureigenster Schatz wäre (*la propiedad:* Eigentum).

16 **plantificar algo a alg.:** jdm. etwas verpassen, jdm. etwas aufdrücken.

me dejó a mí que hiciera montones de a diez con las monedas de un marco, y a mi hermano chico, que juntara todas las de diez pfennings.

Yo de vez en cuando le echaba una mirada de reojo al Daniel, porque ése con tal de comprar chicles y chocolates es capaz de levantarle plata a la Resistencia.

Total que estaban todos de lo más contentos y empezaron a tomar vino y mandaron a comprar pollos al Wienerwald, y más vino, y esa noche nadie discutió, sino que se rieron harto, y el papi le dijo a la mami que sacara las botellas de vino del armario que eran para la próxima semana y se las estuvieron tomando hasta las tres de la mañana, y no se les pasaba lo contento, y decían que el próximo año pasarían el 18 de septiembre en Chile, que es la fiesta patria de nosotros, y se hacen unas fondas en los parques donde se toma chicha, que aquí no se conoce, y se comen em-

1 **el montón:** Haufen.

4f. **echar una mirada de reojo:** jdn. verstohlen ansehen.

6 **levantarle plata a alg.** (fam.): jdm. Geld klauen.

10 **Wienerwald:** 1955 von Friedrich Jahn gegründete Fast-Food-Kette mit fast 30000 Mitarbeitern weltweit. Slogan: »Heute bleibt die Küche kalt, wir gehen in den Wienerwald.« Musste 1990 wegen Insolvenz verkauft werden, wird heute als Wienerwald Deutschland und Wienerwald Österreich separat geführt.

15f. **el 18 de septiembre:** chilenischer Nationalfeiertag und Tag der Unabhängigkeit von Spanien (1810). Wird üblicherweise mehrere Tage lang mit viel *Chicha*, *Pisco*, *Empanadas* und *Asados* gefeiert.

17 **la fonda:** improvisierte Gaststätte / Festzelt während der *fiesta patria* in den Parks chilenischer Städte, die wie richtige Gasthäuser Namen erhalten: *La copita alegre* oder *La grandiosa Bertita.*

18 **la chicha** (Am.): Most (Maiswein, Obstwein).

18f. **la empanada:** gefüllte Teigtasche, chilenisches Nationalgericht.

panadas que aquí tampoco se conocen. A mí siempre me extraña que no existan estas cosas en Alemania, siendo un país tan desarrollado.

A medida que la noche fue metiéndose más adentro, yo me fui poniendo lánguido. Era como si quisiera sujetar esa noche tan linda en mi casa y dejarla ahí para siempre y que esto fuera el resto de la vida. Los amigos, el papi cantando mientras el Tito tocaba la guitarra, y la mami y la Alejandra un poco curaditas riéndose como las chiquillas del colegio en la punta del sillón, y el Urs dormido arriba de la mesa, y mi hermano chico durmiendo también en la alfombra al lado del gato.

¿Por qué no será posible que las cosas que uno más quiere se queden para siempre con uno? Yo a veces no creo en Dios porque veo que en el mundo a la gente le cuesta mucho ser feliz, y si Dios que pudo hacer el mundo como él quería no lo hizo feliz, es que Dios no es tan poderoso como dice la religión, si es que acaso Dios existe. Yo pienso mucho en estas cosas últimamente y me gustaría poder conversar todo esto con el Homero, para que él piense todo con la lógica de Aristóteles y me aclare las cosas que se me ocurren en mi cabeza. Yo por ejemplo no entiendo bien por qué Dios no hizo nada para salvar a todos los compañeros que los militares mataron en Chile. Yo una vez le quise escribir todo esto al cardenal chi-

5 **lánguido/a:** matt, schlaff; hier (fig.): trübsinnig, niedergeschlagen.
6 **sujetar:** festhalten.
9 **curadito/a** (dim.): *curado/a:* (Am., fam.): beschwipst.
12 **la alfombra:** Teppich.
23 **aclarar:** aufhellen; hier: erklären, erläutern.

leno para preguntarle, porque siempre he oído que el cardenal es una persona buena gente, pero cuando le conté al Viejo mi idea me dijo que no fuera huevón. Se nota que al Viejo le gusta muy poco la filosofía.

A las tres de la mañana se dieron cuenta que yo estaba pensando algo debajo de la guitarra del Tito, y la mami miró el reloj y me mandó a la cama.

– Déjalo – dijo mi viejo –. Por una vez que no vaya a clases.

Me llamó a que me sentara a su lado y siguió conversando con los amigos y tomando vino tinto español y mientras tanto me hacía cariño en la cabeza. A veces mi papi se pone regalón conmigo.

Mientras sentía su mano grandota en mi pelo, pensé en el día siguiente. Primero me imaginé cómo iba a llegar a la casa del señor Kramer, que sería mi primera visita a una casa alemana. Yo he visto que aquí se usa mucho eso de llevar flores. Pero de puro pensar que me iba a subir al U Bahn con un ramillete en la mano sentí una vergüenza infinita. Yo no sabía bien si Ricitos era romántica, y si ahora estaba colorado de puro pensamiento, ¿de qué color me pondría en la puerta del señor Kramer?

Entretenido en estos problemas, resulta que se me había borrado del mapa mi simpático amigo Michael con su chaqueta de cuero. Pero cuando de repente sonó el teléfono para Urs, me acordé, y sentí que

13 **ponerse regalón con alg.:** jdn. verwöhnen.
19 **el ramillete:** Blumenstrauß, Sträußchen.
20 **infinito/a:** unendlich.
24f. **se me había borrado del mapa** (fam.): ich hatte es total vergessen.

todo lo que había vivido en las últimas horas era una especie de sueño.

Tendido en la cama, supuse que estaba salvado al no tener que ir a la escuela, y con las manos entre las piernas, traté de quedarme dormido recordando la frescura del beso que me había zampado Edith en Hermann Platz. Me preguntaba cómo sería sentir esos mismos labios en mi propia boca. Entre Romeo y yo ninguna diferencia esa noche. Claro que Romeo pasa por lo menos una noche con la Julieta antes que le llegue la muerte. Yo creo que me quedé dormido porque las pensaderas se me fundieron de tanto trabajarlas. Además de un vaso de vino que le puse entre canción y canción.

Al otro día me desperté como a las once en medio de un silencio más grande que un buque. Todos dormían despacito, menos el Daniel que es muy bueno para roncar. A veces tengo que levantarme de noche y darle vuelta para que se le pase la roncadera y poder dormir. Cuando los papis ganen un poco más de plata, yo quiero vivir en un departamento con una pieza para mí solo, tener un tocadiscos, y llenar las

6 **la frescura:** Frische; hier: Ungezwungenheit.
zampar: rasch wegstecken; hier etwa: heimlich, unauffällig aufdrücken.

8 **Romeo:** Held des Shakespeare-Dramas *Romeo and Juliet*, in welchem beide Liebenden durch den Streit zwischen ihren Familien umkommen.

12 **las pensaderas se me fundieron** (fam.): etwa: meine Gehirnzellen sind durchgebrannt.

16 **el buque:** Schiff.

17 **despacito:** langsam; hier: ganz ruhig.

18 **roncar:** schnarchen.

paredes de pósters. También me gustaría comprar revistas donde salen mujeres y tenerlas guardadas con llave para que no las sapee mi hermano y se ponga degenerado igual que yo.

Fue asunto de poner los pies en el suelo y ya la cabeza me empezó a funcionar. A la media hora me había cortado las uñas con los dientes y tenía la frente caliente como una tetera. Me hice el sándwich más lento de la historia contemporánea. Le iba echando mantequilla y me quedaba diez minutos dale que dale con el cuchillo. Después ni me lo comí, porque entré al baño a ponerme lindo para mi cita con la señorita Edith Kramer. Cosa bastante difícil por lo demás, porque con mi cara no tengo por dónde empezar. Hay por ahí un par de pelos sueltos, que más se ven ridículos que de cabro grande. La Sophie me decía que tengo una sonrisa simpática, y a veces me pedía a ver sonríe, y siempre conseguía que me sonriera. Pero yo me he dado cuenta que a las niñas les gusta que uno ande con el caracho serio, así reciote. Además si uno se sonríe todo el día parece tonto.

Con tal que me puse a lavarme el pelo. Tengo metido entre ceja y ceja que lo único con lo que me defiendo es con el turrito de pelo. No sé cómo lo he salvado de las tijeras de la mami, que le tienen unas ga-

3 **sapear** (Chil., fam.): anglotzen, anstarren.
3f. **ponerse degenerado:** verdorben werden, verkommen.
8 **la tetera:** Teekanne.
20 **el caracho** (Chil., fam.): Gesichtsausdruck.
reciote (fam): ganz hart (*recio/a:* hart, stark).
24 **el turrito de pelo** (Chil., fam.): Haarpracht, Mähne (vielleicht von *turrito*, Ital.: Turmspitze).

nas bárbaras. Para mi vieja el ideal de cabro es con el rape milico. En la ducha habré estado una hora, y en secármelo otra. A la hora del almuerzo la mami cachó que se me derramaban unas mechas en la sopa y me dijo que a la tarde me iba a comprar una cintita en una boutique.

Resulta que las cosas son como son y no se saca nada con contarse cuentos. Eran las tres, y después de las tres vendrían las cuatro, y atrasito las cinco, y por mucho que uno desee que el tiempo se detenga, las horas pasan volando. Además desde el almuerzo se me había metido la frase «a la hora señalada», que era una de cowboys bastante capa. Anduve dando vueltas por mi pieza diciendo a la hora señalada. Trataba de pensar algo inteligente para olvidarme de la frase y no había caso.

A las cuatro y media fui hasta el escritorio del Viejo dispuesto a contárselo todo. Lo quedé mirando desde atrás mientras hacía unos ejercicios del libro alemán concentrado en unas frases taradas como «Herr Weber kauft die Fahrkarte und bestellt eine Platzkarte». Entonces el papi se preguntaba a sí mismo: «Wer hat eine Fahrkarte gekauft?» Y se respon-

1 **bárbaro/a:** barbarisch; hier (fam.): wahnsinnig, unglaublich.
2 **el rape:** Rasur, sehr kurzer Haarschnitt.
4 **derramarse:** sich ergießen; hier: hineinhängen.
la mecha: (Haar-)Strähne.
5 **la cintita** (dim.): *la cinta:* Haarband.
9 **atrasito** (fam.): (noch) etwas später (*el atraso:* Verspätung).
12 **a la hora señalada:** zum festgesetzten Zeitpunkt, zur festgesetzten Stunde.
13 **capo/a** (Am., fam.): cool, klasse (*el capo:* Chef).

día: «Herr Weber hat eine Fahrkarte gekauft.» Al papi le ha dado que para pronunciar bien el alemán hay que hacer como si uno tuviera una papa entre los dientes. Las palabras se le caen como piedras de la boca.

Total que agarré toda la plata de mis ahorros y me la puse en el zapato izquierdo. Siempre he tenido miedo que me roben lo que gano en Albrecht. No sé por qué se me había ocurrido ir a ver a Ricitos con dinero.

Sin saber cómo, cinco para las cinco bajé las escaleras y fui a sentarme a la cuneta de la esquina justo bajo el Buzón. Lo único que se me ocurrió meterme en el bolsillo fue una peineta. Y cuando la palpé debajo de la parka amarilla, pensé que mucho mejor hubiera sido haber cargado una navajita de esas que saltan clik. El cielo estaba gris y cargado, y mis mejores amigos seguramente en una playa griega brincando de roca en roca. ¿Cómo había llegado a meterme en este lío? Así como no hay caso de parar el reloj, tampoco se puede devolver el tiempo. Pero me daba con pensar qué habría pasado si no hubiera ido esa noche con Sophie a pintar carteles. Mejor, qué habría pasado si nunca hubiera conocido a Sophie. Apretaba los ojos y me imaginaba sin pasado.

Entonces hubo un ruido que me asustó. A mi lado

3 **la papa** (Am.): *la patata:* Kartoffel.
12 **la cuneta:** Straßengraben.
14 **palpar:** tasten, fühlen.
16 **la navajita** (dim.): *la navaja:* Taschenmesser; hier: Springmesser.
18 **brincar:** hüpfen, springen.
19 **la roca:** Felsen.

se paró una moto sacudida de vibraciones, y arriba de ella estaba montado el tal Michael. Con la misma chaqueta de cuero negra y unos enormes anteojos verdes atados con elásticos detrás de la nuca. Le dio vueltas y vueltas a la manilla y la moto roncaba y explotaba como si fuera un cohete.

– ¿Tú eres el Chileno? – me gritó.

– Sí – dije, tan despacio que ni yo mismo me oí.

– ¿Cómo?

– Sí – grité.

Le siguió trabajando a la manilla. Se me vino a la cabeza lo que nos habían contado en la escuela de que cuando los indios vieron llegar a caballo a los conquistadores españoles, creían que el animal y el hombre eran un solo monstruo.

– ¿Viniste, ah? – gritó, entremedio de los rugidos de la moto. Era una Honda CB 350 de las que pesan 170 kilos. Daniel tenía un juego de naipes donde en cada carta aparecía un dibujo de distintas marcas de moto. Brillaba como un diamante, aunque no había ni un poquito de sol –. Yo creía que no ibas a venir.

– Aquí estamos – dije.

– ¿Así que tú eres el que mandó al hospital a mi hermano?

3 **los anteojos** (Am.): Brille.
4 **atar:** festbinden.
5 **la manilla:** Kurbelgriff; hier: Handgriff (Motorrad).
6 **el cohete:** Rakete.
16 **el rugido:** Tosen, Brüllen.
17 **Honda CB 350:** Die Honda CB 350 Four ist das kleinste Vierzylindermodell der Ur-Serie von Honda-Motorrädern. Es kam um 1972 auch mit einer 4-in-4-Auspuffanlage heraus.
18 **el juego de naipes:** Kartenspiel.

– Fue de casualidad – dije.

Le pegó un sacudón a la muñeca y mantuvo el acelerador apretado a fondo. Algunos chicos del barrio se quedaron por ahí cerca espiándonos.

– ¿Quieres decir que tú tenías la pata levantada y él vino y puso ahí sus bolitas? ¡Me dan ganas de agarrarte y matarte aquí mismo!

Me puse de pie sacudiéndome los pantalones. Miré alrededor y me di cuenta que no tenía amigos ni siquiera para que me echaran una mirada de lástima. Los muchachos del barrio estaban con la boca abierta admirando la moto.

– Oye, Michael – le dije –. No peleemos. Si quieres vamos y le pido perdón a tu hermano.

Me acercó la cara y me aulló encima de mis ojos.

– ¿Estás loco? ¿Quieres que te lleve a ver al Hans al hospital? ¿Quieres que mis viejos y la policía sepan que fuiste tú el que lo reventaste?

No supe qué hacer ni con mis piernas ni mis manos. Di vueltas los dedos de los pies amasando el billete, con lo cual pensaba comprarle algo a Ricitos.

– A mí me gustaría pedirle perdón y que no peleáramos – dije.

Soltó el acelerador y puso su puño apretado con el

1 **de casualidad:** zufällig (*la casualidad:* Zufall).
2 **le pegó un sacudón a la muñeca:** er drückte das Handgelenk kräftig durch.
2f. **el acelerador:** Gashebel.
3 **apretar a fondo:** durchdrücken.
6 **las bolitas** (dim., fam.): *las bolas:* ‚Eier' (Hoden).
15 **aullar:** heulen, jaulen.
18 **reventar:** hier (fam.): kaputtmachen, fertigmachen.
20 **amasar:** kneten.

guante negro debajo de mi hocico y lo hizo vibrar como si fuera eléctrico.

– Mira, Chileno – dijo, mordiendo las palabras –. Mi hermano no te delató de hombre que es. ¿Sabes lo que te hubiera pasado si dice quién fue? ¡Te echan del país, imbécil! ¡A ti y a tus padres, tarado! ¿Y adónde se van a ir a meter? ¡Si ustedes son como gitanos!

Tragué un litro de saliva. Por primera vez sentí la sensación de que no tenía nada en el mundo de donde agarrarme.

– ¿En serio?

Michael se levantó los anteojos y le dio una pasada a la manija del acelerador.

– ¿Dónde quieres pelear?

Ahora que le veía la cara, le sostuve la vista y traté de decirle que no con los ojos.

– ¿Ahora?

– ¿Qué quieres? ¿Que te dé una cita especial como los médicos?

Me limpié las manos transpiradas en las rodilleras del pantalón. La mami siempre les pone unos lindos parches de cuero a los pantalones. Mi hermano y yo somos los únicos en Berlín que andamos con esos parches.

– ¿Dónde? – dije, tratando de no llorar.

1 **el hocico:** Schnauze, Rüssel; hier (vulg.): Fresse.
4 **delatar a alg.:** jdn. verraten.
7 f. **el gitano / la gitana:** Zigeuner(in).
14 **la manija:** Griff, Kurbelgriff.
21 **la rodillera:** Knieschützer; ausgebeulte Kniepartie an einer Hose.
23 **el parche:** Pflaster, Flicken.

– Sube, que yo te llevo.

– Gracias, Michael – le dije.

En cuanto monté atrás, hizo partir la Honda con un pique volador y yo tuve que sujetarme con las piernas sobre el tubo de escape, porque no me atrevía a agarrarlo de los hombros.

– Sujétate de los hombros, inútil – me gritó –. Si te matas aquí, me sacan un parte.

Le eché las manos encima, y ahí fue cuando me di cuenta del medio pedazo de espalda que tenía el bruto. Si parecía que lo hubieran hecho de cemento. «Este huevón va a matarme», pensé. En el semáforo, estuve a punto de descolgarme y echar a correr hacia la escuela que estaba ahí encimita. Lo único es que todavía me quedaba un poco de amor propio. Mi mami siempre dice que el amor propio es lo último que se pierde. Otra cosa que la mami siempre dice es que le da vergüenza ajena.

Ahora resulta que yo iba en taxi expreso hacia la muerte. ¿Por qué me había subido a la moto? ¿Por qué había venido a la cita de las cinco de la tarde? ¿Por qué llevaba casi un año en Berlín y nunca jamás

3 **montar atrás:** hinten aufsitzen.
4 **el pique volador:** fliegender Start, Kavalierstart.
5 **el tubo de escape:** Auspuffrohr.
atreverse: es wagen, sich trauen.
7 **el/la inútil:** Idiot(in).
8 **sacar un parte a alg.:** jdn. anzeigen.
10 **medio pedazo de espalda:** breite Schultern, breites Kreuz.
10f. **el bruto:** (fig.) Tier, brutaler Kerl.
13 **descolgarse:** sich herunterlassen; hier: absteigen.
18 **(sentir) vergüenza ajena:** sich für jd. anderen schämen (*ajeno/a:* fremd).

nadie quiso pegarme y ahora había desgraciado a uno y estaba este Michael dispuesto a masacrarme?

La moto agarró por Stromstrasse, después dobló a la izquierda hacia Union Platz, y vi que allí esperaban el bus un grupo de amigos del colegio. Salían del gimnasio. Me vieron pasar y me hicieron así con la mano, y yo les hice así, y se quedaron largo rato mirando la moto perderse hacia West Hafen. Seguro que creían que yo iba feliz de la vida arriba de la Honda CB 350.

Michael se metió por el S Bahn Beusselstrasse y agarró el costado de las líneas del tren hasta llegar a un lugar donde hay un montón de basuras y piedras y carrocerías de autos viejos. De puro ver eso me sentí igual a todas esas porquerías. Y arriba el cielo tan cochino como ese barro y esas latas oxidadas.

No llovía, pero el aire estaba mojado. No pasaban barcos ni trabajaban las grúas. Ya se iba poniendo un poco oscuro. Por primera vez, Michael soltó el acelerador y cortó el contacto. La moto se calló con un par

1 **desgraciar a alg.:** jdn. übel zurichten.
3 **Stromstrasse:** Stromstraße; Ausfallstraße durch Moabit Richtung Westhafen.
4 **Union Platz:** Unionplatz; kleiner Platz zwischen Unionstraße und Siemensstraße.
5f. **el gimnasio:** Sporthalle, Fitnessstudio.
8 **West Hafen:** Westhafen; S-Bahnhof an der S41 und S42.
10 **S Bahn Beusselstrasse:** Beusselstraße; S-Bahnhof an der S41 und S42.
11 **el costado:** Seite; hier: Bahndamm.
14f. **cochino/a:** schweinisch; hier: schmutzig.
15 **el barro:** Schlamm, Matsch.
la lata oxidada: rostige Blechdose.
17 **la grúa:** Kran.

de explosiones y ahora el ruido más fuerte era del S Bahn que pasaba enredado entre esos rieles mohosos. Le sacó un soporte a la moto y la puso paradita.

– ¿Aquí? – le dije yo.

– Aquí.

Me bajé primero, después se desmontó él, y estiró los brazos y aspiró mucho aire hondo igual que si estuviéramos en la playa. Yo me quedé al lado de la moto con las manos en los bolsillos. Se veía raro la Honda nuevita entremedio de la basura.

– Bueno, Chileno. ¿Cómo quieres pelear? ¿A puñetazos, con las manos abiertas, con piedras, o como venga?

– Oye, Michael – dije, calmándolo con una mano así como de curita –. Yo no quiero pelear contigo. Primero, porque eres mucho más grande y fuerte, y segundo porque ...

– Segundo, porque eres cobarde.

Me tiró un manotazo todo despreciativo y yo retrocedí un poco y lo quedé mirando con los hombros agachados y las manos cruzadas en el pecho.

2 **el riel:** Schiene.
2f. **mohoso/a:** modrig, rostig.
3 **el soporte:** Stütze; hier: Ständer.
paradito/a (dim.): *parado/a:* stillstehend.
6 **desmontarse:** absteigen.
estirar: dehnen, ausstrecken.
7 **aspirar:** einatmen.
11f. **a puñetazos:** mit den Fäusten.
15 **el curita** (dim.): *el cura:* Dorfpfarrer.
18 **el cobarde:** Feigling.
19 **despreciativo/a:** verächtlich.
19f. **retroceder:** zurückweichen.

– No soy un cobarde – le dije –. No puedo pelear contigo porque no tengo ganas. No me dan ganas de pegarte. Uno pelea cuando tiene rabia.

Vino encima mío y me empujó con un rodillazo sobre las manos cruzadas en el pecho. Trastabillé un poco, aunque sin caerme. Cuando me afirmé, lo quedé mirando no más con las manos colgando.

– Y ahora, ¿tienes rabia?

Hice como que pensaba.

– No, Michael, no. No tengo rabia.

Se pasó la mano por la cara y se levantó los antejos de motorista. Estuvo un rato rascándose la nariz. Yo no sabía qué hacer con las manos y volví a metérmelas en los bolsillos y me froté los muslos sin quitarle la vista de encima. Entonces se puso más cerca y tomó envión y me pegó un puntapié en la rodilla que sonó más o menos.

– ¿Y ahora?

– Ahora ¿qué?

– ¿Tienes rabia?

Saqué las manos y comencé a hacerme sonar los huesos de los dedos. Se me había olvidado contarles que siempre me entretengo mucho con eso. La Sophie me decía que era mala educación.

– No – dije.

3 **la rabia:** Wut.
4 **el rodillazo:** Stoß mit dem Knie.
5 **trastabillar:** taumeln.
6 **afirmarse:** sich (wieder) fangen.
14 **frotar:** reiben.
16 **tomar envión:** sich einen Ruck geben.
el puntapié: Fußtritt.
24 **la mala educación:** schlechtes Benehmen.

– ¿Todos los chilenos son tan cobardes como tú?
– Yo no soy cobarde, Michael. Los chilenos son valientes. Ahí tienes tú por ejemplo a O'Higgins, a José Miguel Carrera, a Arturo Prat.
– No he oído nunca hablar de ellos.
– Y Allende también.

Escarbó en el bolsillo de arriba de la chaqueta de cuero, y sacó un pucho harto trasnochado. Se lo puso en la boca y corrió el cierre de metal, que sería del porte de una corchetera. Esas chaquetas valían 145 marcos en el Hertie. Me gustaban tanto, que una vez casi gasto la plata de Grecia para comprármela. Michael se encendió el pucho con un encendedor japonés de esos que tienen la calcomanía de una mujer desnuda.

– Nosotros también tenemos héroes. Bismark, por ejemplo. ¿O tú crees que Bismark era cobarde?

3f. **O'Higgins / José Miguel Carrera / Arturo Prat:** chilenische Militärs und Nationalhelden. O'Higgins und Carrera waren Befehlshaber im Unabhängigkeitskrieg gegen Spanien (1810–18), Bernardo O'Higgins wurde zum ersten Staatsoberhaupt Chiles. Arturo Prat kämpfte im Spanisch-Südamerikanischen Krieg (1865–71) und war Befehlshaber im Salpeterkrieg gegen Peru und Bolivien (1879–83; auch »Pazifischer Krieg« genannt) und fiel im Seegefecht von Iquique am 21. Mai 1879.
7 **escarbar:** bohren, durchwühlen, graben.
8 **trasnochado/a:** überholt, veraltet, vergammelt.
9 **correr:** hier: verschieben, zurechtrücken.
el cierre: Verschluss.
10 **la corchetera:** Tacker.
14 **la calcomanía:** Abziehbild, Aufkleber, Aufdruck.
15 **Bismark:** Otto von Bismarck (1815–98), erster deutscher Reichskanzler und großer deutscher Staatsmann; in seiner politischen Bedeutung für Deutschland etwa mit jener von O'Higgins für Chile vergleichbar.

– No sé, Michael. Yo soy malo para la historia. Pero si tú dices que era valiente, te creo.

Le pegó una chupada honda al pucho y de inmediato lo botó. Yo creo que hizo eso nada más para que le viera las botas con taco filudo cuando lo aplastó hasta deshacerlo en la tierra.

– Bueno – dijo –, peleemos.

– Ya – dije yo.

Y los dos nos quedamos donde mismo. Michael se arremangó el cuero negro y se corrió *zip* el cierre grande. Puso los puños delante de su cuello y yo también. Hizo una finta para probarme y yo me quedé quieto. Dejó caer los brazos, juntó las puntas de los dedos, y me los movió de arriba abajo delante de mi nariz.

– Pero, dime una cosa, Chileno. Si te pego, ¿te vas a defender?

Se me había acumulado mucha saliva en la boca y ahora me costó tragarla.

– Sí, pega no más.

– ¿Tienes rabia?

– No. ¿Y tú?

– Regular. ¡En guardia!

Volvió a sacar los codos adelante y se puso a mover alrededor. Yo hice lo mismo. Nunca en mi vida había peleado. Cuando chico, tal vez, pero no me acuerdo.

3 **la chupada:** Zug (an der Zigarette).
5 **el taco** (Am.): Absatz.
filudo/a (Am.): scharf, spitz (dazu *el filo:* Kante, Schneide).
10 **arremangar:** aufkrempeln, hochkrempeln.
12 **hacer una finta:** ein Täuschungsmanöver ausführen.
23 **¡en guardia!:** sieh' dich vor! pass auf!

Y de repente, como un sablazo caliente me tiró un kungfú con el filo de la mano que me hizo zumbar la cabeza y me dejó la oreja ardiendo. Me caí de costado, y ya venía llegando al suelo cuando me levantó de una bofetada en la boca. Seguro que me mordí la lengua entremedio, porque aunque no tuve tiempo de meterme la mano en la boca y sacarla, le sentí el gustito a la sangre.

– ¿Tienes rabia ahora?

– ¡Me sacaste sangre, desgraciado!

– Para que aprendas.

Me tiró otra patada a las canillas y me revolvió con la mano la oreja caliente. Cuando di vuelta la cara me pareció que había un niño mirándonos desde el puente. Michael agarró el pecho de mi camisa, me levantó, y volvió a empujarme. Esta vez sentí que me entraba tierra en la boca. También se me soltó un chorro de meado y sentí la pierna toda asquerosa. Me levanté retrocediendo.

– ¿Tienes rabia, Chileno?

Me limpié el hocico con el puño como martillo y los ojos nublados.

– Te voy a matar – le grité.

1 **el sablazo:** Säbelhieb.
2 **zumbar:** summen, brummen, sausen.
5 **la bofetada:** Ohrfeige.
10 **me sacaste sangre:** etwa: jetzt blute ich wegen dir!
12 **la canilla:** Schienbein.
revolver: umrühren; hier: umdrehen.
17f. **se me soltó un chorro de meado:** ich machte mir ein bisschen in die Hose (*el meado*, fam.: Pisse).
18 **asqueroso/a:** widerlich, eklig.

– Pobrecito – dijo.

Y fue lo último que habló antes de agarrarme con una llave, darme vuelta y apretarme el cuello mientras iba haciendo palanca con la rodilla en mi columna. Conseguí zafarme con un codazo en el estómago que lo agarró de sorpresa. Y ahí nos hicimos un solo paquete de patadas, de sudor, de aletazos que a veces caían en el cuerpo y otras veces quedaban volando.

Yo tenía la garganta hinchada de rabia. Era como si tuviera la lengua y el cuello repleto de lágrimas. ¡Pero no me iba a ver a mí llorando! Ahora quería hundirle los dedos en los ojos y reventarle la cabeza con un fierro. Lo único que tenía en mi cuerpo eran ganas de tomar agua y agua hasta caer de rodillas. Y de repente un puñetazo se me metió como un taladro eléctrico en el hueso de la nariz.

Fue como si de pronto me hubieran tirado a una piscina repleta de fuegos artificiales, de faldas de mujeres flameando en el viento. Fue como si me hubieran reventado vidrios de colores en los ojos, ¡chucha!, como si una inmensa iglesia se despedazara en mi cerebro, mi boca parecía hecha de sal, Michael era una

3 **la llave:** hier: Klammergriff.
4 **la palanca:** Hebel; hier: Hebelgriff.
5 **zafarse:** sich befreien, freikommen.
7 **el aletazo:** Flügelschlag; hier etwa: Rundumschlag.
10 **repleto/a:** voll gestopft.
15 **el taladro:** Bohrer.
16 **el hueso de la nariz:** Nasenbein.
18 **el fuego artificial:** Feuerwerk.
19 **flamear:** lodern, flattern.
20 **¡chucha!** (vulg.): hier: verdammt!
21 **despedazarse:** explodieren, in Stücke zerspringen.

pura sombra, no podía ni adivinarle la cara, se me aparecieron cosas raras de mi vida que no sé decirlas.

Por ejemplo, cuando jugábamos con las primas en la pieza oscura y ellas se reían y se dejaban tocar un poquito entre las piernas, y mapas del mundo donde los países eran rajados como heridas, películas de Tarzán donde la selva era negra y los ríos de sangre, cosas raras, y Michael dale que dale pero casi no lo sentía, era como si toda mi cabeza estuviera llena de un telón de cine y mi boca era un pájaro muerto, cosas de ésas. Y Michael que apretaba los puñetazos como para que atravesaran la piel y los huesos y fueran a metérseme hasta el corazón, hasta el estómago.

– Michael – le grité –. ¡Michael, mierda, para que me estás matando!

Pero no me salieron los ruidos de esas palabras. Me había separado de mi propio cuerpo. Me sentía flotando en el mar de Antofagasta, azulito, en vacaciones en el norte, vi a mi papi y a mi mami hechos una llamarada, vi que me lamían suavecito, que yo salía del cuerpo de mi mami y todo era un incendio.

Cuando desperté, Michael estaba caído a mi lado y yo dejaba caer la piedra.

Una mancha de sangre se le había secado arriba de la boca. Miré por todas partes, y en todas partes se había puesto oscuro. En Berlín siempre que a uno se

1 **adivinar:** (er)raten, (er)ahnen.
6 **rajado/a:** gespalten, aufgerissen.
8 **dale que dale** (fam.): etwa: hau drauf!, gib's mir!, gib alles!
10 **el telón:** Vorhang (Theater).
18 **Antofagasta:** Region und gleichnamige Stadt im Norden Chiles.
20 **lamer:** (ab)lecken.
suavecito: ganz sanft.

le ocurre mirar ya está de noche. Parece que la hubieran hecho de una nube negra. Me miré desde la punta de la cabeza hasta el pecho, y no supe cómo parar los temblores que tenía. Estaba todo como eléctrico. Los pedazos míos latían por su propia cuenta.

Me senté en la tierra, al lado de la moto, apoyé la cabeza en la rueda de adelante, y lo único que se me ocurrió fue ponerme a llorar. Ustedes me perdonarán, pero hacía como un año que no lloraba. Antes, cuando la mami y el papi se encerraban a llorar con las noticias de Chile, a mí me daba pena por ellos, y como soy medio sentimental, lloraba. Un día el papi salió de la pieza con los ojos colorados sorbiéndose los mocos, y me vio tirado en el sillón llorando.

– ¿Por qué lloras? – me dijo.

– Porque sentí que ustedes estaban llorando.

– Eso no es un motivo – dijo –. Aquí se llora cuando no se aguanta más, y por cosas de importancia. ¿Oyó?

– Sí, papi.

– La próxima vez que lo pille llorando le voy a sacar la chucha para que llore con ganas. ¿Entendió?

El papi es nervioso y a veces me tira un coscorrón cuando lo estoy hinchando mucho. Pero jamás en la vida me ha pegado. Ni cuando una vez le robé plata, ni cuando casi incendio la casa en Santiago haciendo

5 **latir:** klopfen, schlagen, pochen.
por su propia cuenta: ganz von alleine.
13 f. **sorberse los mocos:** die Nase hochziehen (*sorber:* schlürfen, einziehen; *el moco:* Nasenschleim).
18 **aguantar:** aushalten, ertragen.
24 **hinchar a alg.** (Am., fam.): jdm. auf den Wecker gehen, jdn. nerven.

una hoguera para jugar a los indios. Pensé que si ahora el viejo me encontraba ahí llorando, y viera por qué, no me diría nada. Yo creo que el papi se pone comprensivo una vez cada diez años.

Dejé que se me derramara todo lo que tenía adentro y hubo un rato en que no pensé nada. Sentí como que estaba envuelto en una lástima que no me dejaba ni un huequito para ninguna otra cosa. Me acuerdo que comenzó a llover muy suave y que era rico sentir ese poco de agua en la cara caliente.

A esa hora mis compañeros de curso estarían tirados en las alfombras viendo Colombo en la televisión, habrían comido unas ricas chuletas de chancho, y el papi estaría con el diccionario tratando de leer las noticias del *Tagesspiegel.* Avancé hasta Michael y puse mi mano debajo de su nuca.

– Michael – le dije –. No seas desgraciado. No te mueras.

Todos los lugares del mundo me parecieron mejor que ese potrero con puras chatarras y rieles oxidados. Tomé un trozo roto de espejo y se lo acerqué a la boca. Esto lo había visto hacer en el cine. Si el vidrio se nublaba, señal de que estaba vivo.

1 **la hoguera:** Lagerfeuer.
8 **el huequito** (dim.): *el hueco:* hier: Platz.
9 **rico/a:** hier (fam.): schön, gut.
12 **Colombo:** *Columbo*, amerikanische Kult-Krimiserie mit Peter Falk als Polizeiinspektor Columbo des Los Angeles Police Department.
13 **la chuleta:** Kotelett.
el chancho (Am.): Schwein.
20 **el potrero** (Am.): Pferdekoppel; freies Gelände; hier: Schrottplatz.
la chatarra: Schrott.

– Miguelito – le dije en español –. Estás vivo y coleando. Despierta y mira el espejo. No te pongas triste que no estás muerto.

Le puse la oreja en el corazón y cuando sentí el tracatraca me quedé un rato encima sonriendo.

– Vamos, Michael. ¿Qué va a decir tu mamá si te encuentra tirado aquí? Despierta de una vez.

Pero no había caso. En el puente me pareció ver que alguien se movía. Pensé que sería el muchacho que creí haber visto antes, y le hice señas de que bajara a ayudarme. Pero fue ver que hacía ese gesto, y se mandó a cambiar corriendo. Lo peor de todo es que de repente se largó a llover como si le hubieran apretado al cielo el acelerador a fondo. Todo se puso rápidamente mojado, y ya estaba por llegar de una vez la noche. Por aquí y por allá quise ubicar un sitio donde proteger a Michael de la lluvia, pero no había techo ni para cubrir una uña.

Me quedé paseando a su alrededor, pateando con las manos en los bolsillos los tarros y las piedritas. Durante un rato me dejé chorrear hasta que sentí que el agua me traspasaba la camiseta. La única idea que se me ocurrió, fue parar un tarro bajo la lluvia y esperar que se llenara. Después me puse encima de Michael y se lo derramé con toda fuerza sobre la frente.

Por primera vez, movió la cabeza, abrió un poquito los ojos, pero al tiro los cerró, dijo algo que no enten-

1 f. **estar vivo y coleando** (loc.): etwa: putzmunter sein (*colear:* mit dem Schwanz wedeln).

4 f. **el tracatraca** (fam., onomat.): etwa: Bum-Bum (Klopfgeräusch).

22 **traspasar:** durchdringen; hier: durchnässen.

27 **al tiro** (Am.): sofort, unverzüglich.

dí, y siguió durmiendo. Después se agregó al diluvio universal una orquesta de truenos y relampagazos. Todo muy lindo para verlo calentito desde la ventana de la pieza, con la guata llena y el corazón contento. Cuando las gotas golpeaban en el suelo levantaban barro y la moto flamante se fue poniendo asquerosa.

Le abrí el cierre corchetera de la casaca, y busqué uno de esos cigarritos trasnochados que le había visto antes. Había dos, y cubriéndolo con el cuerpo, conseguí encenderlo. Se sentía bien tibio el humo al raspar la garganta, y estuve fumándolo suave mientras el terreno se empantanaba y apenas se podía caminar. Yo no sé si lo que digo es una estupidez, pero hay veces que un cigarrito puede ser el mejor amigo de uno. Fumándolo ahí, sentí que no estaba solo.

Pasó un tren lleno de tristeza, y empecé a tiritar de frío. Me acurruqué al lado de Michael, y pensé que a esa hora Edith estaría enroscándose sus rulitos para ir a recibirme a la puerta. Pensé que su mamá a lo mejor había comprado un bife para recibirme. Y quién sabe si no tenían un vinito francés en la mesa. Yo ten-

1 **el diluvio:** Sintflut.
2 **el trueno:** Donner.
el relampagazo: etwa: Riesenblitz (*-azo* ist verstärkende Nachsilbe).
6 **flamante:** funkelnagelneu.
7 **la casaca:** Gehrock; hier (fam.): Jacke.
10 **tibio/a:** lauwarm.
raspar: kratzen.
12 **empantanarse:** sumpfig werden.
16 **tiritar:** frösteln, schaudern, zittern.
17 **acurrucarse:** sich zusammenkauern, sich anlehnen.
18 **enroscar:** aufrollen, einrollen.
20 **el bife:** Steak.

dría que decir no gracias señora, no tomo, para causarles buena impresión. Pensé en cómo se vería la piel de Edith, tan de muñeca, entibiada por un tinto al callo. «Ricitos, Ricitos», estuve repitiendo como un loro.

De pronto, Michael hizo un movimiento, y vi que tenía los ojos abiertos y que se pasaba la muñeca encima limpiándose el barro. Lo agarré de la espalda y lo sostuve para que se sentara. Hubo un tremendo trueno y se puso a llover peor que nunca.

– ¿Qué pasó? – dijo, con la voz ronca.

– Estuvimos peleando.

– Sí, eso lo sé, ¿pero qué me pasó a mí?

– No sé. De repente te agarré bien y creí que te habías muerto.

Sacudió la cabeza y se agarró del brazo que le ofrecí para levantarlo.

– Me ganaste entonces – dijo –. Me pusiste knockout.

Caía tanta agua y estaba tan oscuro que apenas le veía la cara. Se metió preocupado un dedo dentro de la nariz y estuvo escarbando, igual que si buscase algo en el fondo. Luego ladeó la cabeza y se golpeó la nuca como si eso que buscaba pudiera botarlo así.

– Está lloviendo – dijo.

Realmente era un superdotado. Todavía me pregunto cómo logró hacer esa observación tan inteli-

3 **entibiar:** hier: aufwärmen, erhitzen.
4 **al callo** (Chil., fam.): genau richtig, wie es sich gehört.
5 **el loro:** Papagei.
26 **superdotado/a:** hochbegabt, genial.
27 **lograr:** erreichen; hier: gelingen.

gente. Recogí un periódico tan empapado como nosotros y se lo extendí.

– ¿Sabes una cosa? Mejor que no sigamos peleando, Chileno. Nos podemos resfriar.

– De acuerdo – dije.

Partimos saltando entre las charcas y Michael montó la moto y la joyita arrancó a la primera patada. Mientras se calentaba el motor, me estrujé los pantalones y palpé con la punta de los dedos del pie a ver si seguían ahí mis Deutsche Mark. Lamenté no haberlo envuelto en un plástico, porque sentía los zapatos como una laguna. Además tenía el hocico inflamado. Tal vez tuviera el porte de un zapallo.

– Me hinchaste el hocico – le grité en la oreja.

Se dio vuelta y agarrándome la mandíbula me la meneó con la técnica de un médico.

– Entonces empatamos – dictaminó.

Yo asentí del modo más solemne.

Arrancó la moto y tuve que afirmarme bien sobre sus hombros porque el potrero parecía cancha de patinaje. Claro que la estabilidad de la Honda CB 350

4 **resfriarse:** sich erkälten.
6 **la charca:** Tümpel; hier: Pfütze.
7 **la joyita** (dim.): *la joya:* Schmuckstück.
8 **estrujar:** pressen; hier: auswringen.
12 **inflamado/a:** entzündet; hier: geschwollen.
13 **el zapallo** (Am.): Kürbis.
15 **la mandíbula:** Kiefer.
17 **empatar:** gleichziehen, den Ausgleich erzielen.
dictaminar: begutachten; abschätzen; urteilen.
18 **asentir:** zustimmen.
solemne: feierlich.
20f. **la cancha de patinaje:** etwa: Rutschpiste (*el patinaje:* Schlittschuhlaufen).

es famosa en el mundo entero. Cuando agarramos por Siemensstrasse, le grité:

– Oye, Michael. Te invito a comer una pizza.

– ¿Tienes plata?

– Algo.

Fuimos a la Locanda de Stromstrasse y cuando entramos se formó un charquito en la puerta. Los italianos abrieron la boca de este tamaño. Lástima no haber tenido un espejo, para contarles cómo nos veíamos. Yo sentía que la boca me colgaba hasta el cuello y a Michael aún se le veía un pedazo de nariz entre medio del barro.

Fuimos hasta la mesa del fondo para parar el escándalo, y el mozo se nos acercó entre riéndose y asustado.

– Llueve, ¿no?

Los italianos también son sumamente perspicaces. Llegan a conclusiones geniales incluso sin usar la lógica de Aristóteles. Pedimos dos pizzas grandes con doble porción de queso y camarones. Mientras venían, fuimos apurando un chianti de doce marcos que estaba de mascarlo.

– Le voy a mandar saludos tuyos a mi hermano – dijo Michael.

– Me parece bien – le dije.

– ¿Cuándo vuelves a Chile?

6 **la Locanda:** italienisches Restaurant in der Stromstraße 50.
7 **el charquito** (dim.): *el charco:* Pfütze, Lache.
15 **asustarse:** sich erschrecken.
17 **sumamente:** äußerst, höchst.
perspicaz: umsichtig, scharfsinnig.
21 **apurar algo:** etwas leeren, austrinken.

– Cuando caiga Pinochet. En el primer avión.

– ¿Y cuándo va a ser eso?

– Lueguito.

Hizo un buche con el vino, y se palpó la nuca con un gesto de dolor.

– Cuando tú estés allá, me gustaría ir a visitarte. ¿Es lindo?

– Hay de todo.

– ¿Y qué tal son las mujeres?

– Ricas. Hay playas fantásticas y puedes esquiar en Farellones. Tenemos un campeón de motociclismo con nombre alemán. Se llama Kurt Horman.

– No lo he oído mentar. – Se tragó de un golpe el vaso de vino y sacó su puchito trasnochado de la chaqueta –. Allende era muy valiente – dijo –. ¿Verdad que peleó él solo contra todo el ejército? ¿Contra los aviones y todo eso?

Yo lo quedé mirando y me di cuenta que estaba serio como un muertito. Supe al tiro que el tema le interesaba.

– Tanto como solo, no – le dije –. Hubo muchos compañeros que murieron junto a él. Mataron a muchos en todo el país.

3 **lueguito** (dim.): *luego:* hier: bald.
4 **hacer un buche:** einen Schluck in den Mund nehmen (und nicht gleich hinunterschlucken; *el buche:* Schluck).
11 **Farellones:** Skigebiet in den Anden über Santiago.
el motociclismo: Motorradsport.
12 **Kurt Horman:** Kurt Horta, berühmter deutsch-chilenischer Motorradfahrer der 70er und 80er Jahre.
13 **mentar:** *mencionar:* erwähnen.
18 f. **serio como un muertito:** etwa: todernst.
21 **tanto como solo:** so gut wie allein.

El mozo trajo las pizzas que palabra que merecían estar colgadas en algún museo junto a la Monna Lisa. Daba no sé qué comerlas. Llenamos un par de vasos y Michael levantó el suyo y me dijo salud. Yo le choqué, y ahí mismo al fondo mi alma. Desde los tiempos de Sócrates y Homero que no me animaba con dos dosis de mi medicina predilecta.

Comimos en un silencio glorioso, hasta que hubo desaparecido la última miga. Al terminar, le dije:

– ¿Sabes, Michael? Cuando tú me estabas pegando, de repente creí que me iba a morir.

– Perdona.

– No, si no es por eso. Es que tuve una especie de sueño.

– ¿Cómo?

– Vi el momento en que nací. Sentí que mi mami me pasaba la lengua por la mejilla. Sólo que mis padres eran como una llamarada, ¿me entiendes?

Michael se echó un sorbo y después se hundió en el respaldo con las manos en los bolsillos.

– A ti te pasó que tuviste una alucinación. ¿Sabes lo que es eso?

– No – le dije –. Tendría que buscarlo en un diccionario.

2 **Monna Lisa:** Mona Lisa, weltbekannter Übername der *Gioconda* von Leonardo da Vinci. Die geheimnisvoll Lächelnde wurde zwischen 1503 und 1506 geschaffen und ist heute im Louvre in Paris zu bewundern.
8 **glorioso/a:** ruhmreich, herrlich; hier: hingebungsvoll.
9 **la miga:** Krume, Krümel.
19 **el sorbo:** Schluck.
20 **el respaldo:** Rückenlehne.
21 **la alucinación:** Sinnestäuschung, Halluzination.

– Yo tampoco lo sé bien. Pero una alucinación es como un presentimiento de algo. ¿Me entiendes?

– Sí – murmuré.

Pero no había entendido.

– Voy a buscar esa palabra en el diccionario – dije.

Cuando llegó el momento de pagar tuve que sacarme el zapato izquierdo y escarbar en mi calcetín. Saqué la fragata azul de cien marcos.

– ¿Ahí guardas tu plata? – me preguntó, examinándome el pie descalzo.

– Sí – dije –. Tengo miedo de que me la roben.

– Hombre, pero para eso están los bancos.

– No me gustan – dije.

– Todo el mundo guarda su plata en los bancos. Los colchones y los calcetines pasaron de moda.

– Mira, Michael, no nos vamos a agarrar a puñetazos por el tema de los bancos.

– Claro que no.

– Entonces llegamos hasta aquí.

– Conforme.

El mozo levantó la puntita del billete y lo examinó como si estuviera estudiando un ratón agarrado de la cola.

– ¿Qué pasa? – le dije –. Es un billete de cien marcos.

– Sí sé – dijo –. Pero nunca había visto uno tan arrugado.

2 **el presentimiento:** Vorahnung.
7 **el calcetín:** Socke.
8 **la fragata azul** (fig.): blauer Lappen (*la fragata:* Fregatte, Fregattvogel).
15 **el colchón:** Matratze.
26 **arrugado/a:** verknittert, zerknittert.

El lunes en la mañana llegué a clase con un parche en el ojo, y Ricitos no me habló. Yo traté de acercármele pero se fue con sus amigas a reírse en el baño. El martes metí en el bolsón una caja de chocolates y encima una traducción al alemán de uno de los *Veinte poemas de amor* de Neruda. Lo copié a mano, y arriba escribí: «Los chocolates y el poema son para ti.» Se lo dejé en su banco antes que empezara la clase de literatura y entonces pude salir de la curiosidad de cómo se vería con los cachetes coloraditos.

El miércoles pasó de mano en mano un mensaje, que lo guardo aquí como prueba, que decía: «El fin de semana tengo un bailoteo en mi casa. Te invito.»

El jueves me saqué el parche. El sábado bailamos cheek-to-cheek. «Baby, I want you to want me», me declaré y me dijo que bueno.

Lo jodido fue que el viejo me preguntó qué me había pasado, por más que traté de caminar de perfil cuando él estaba presente. Le conté más o menos la historia. Me tiró un coscorrón, y no me habló durante tres días. El viernes vino de visita a casa Michael Krüger, a quien deben ustedes ubicar, porque con él nos anduvimos sacando la chucha en la S Bahn Beusselstrasse. Dijo que había leído algo en un diario sobre

5f. **«Veinte poemas de amor» de Neruda:** *Veinte poemas de amor y una canción desesperada* (1924), eines der bekanntesten Werke des sozialistischen chilenischen Dichters und Literaturnobelpreisträgers Pablo Neruda (1904–73), der kurz nach dem Putsch durch Pinochet an einer schweren Krankheit starb.

10 **el cachete:** Wange, Backe.

16 **declararse:** jdm. gestehen, dass man ihn/sie liebt; hier: jdn. bitten seine Freundin zu sein.

Pinochet. Trajo también un vinito Baujolais con el precio en la etiqueta: ocho marcos.

Nos fuimos a tomarlo en mi pieza mientras oíamos en SFB el Hit Parade. Hablamos de esto y de lo otro y me preguntó si había algo que él podía hacer para joder a Pinochet. El papi le dio el teléfono de Urs, y a la semana Michael apareció en una reunión del Chile Comité. Cuando mi papi lo vio entrar, me quedó mirando y me dijo que yo era un «proselitista».

Ésa es otra palabra que tuve que buscar en el diccionario.

4 **SFB:** Sender Freies Berlin; Rundfunksender Westberlins.

9 **el proselitista:** Proselyt (ein von einer Religion zu einer anderen Übergetretener, Neubekehrter; bezeichnet auch den, der andere für eine andere Religion abwirbt); hier bezieht sich der Vater darauf, dass Lucho in Michael Krüger einen neuen Mitstreiter für die chilenische Sache angeworben hat.

Epílogo

Cuando el film *El cartero* obtuvo cinco nominaciones al Premio «Oscar», varios equipos de periodistas internacionales provistos de voraces cámaras cercaron mi casa veraniega en el pueblo chileno de Tongoy, donde yo pasaba un afable verano entretejiendo mi nueva ficción, y en mi calidad de autor de la novela *El cartero de Neruda*, sobre la cual se basaba el film, fui sometido a una investigación rigurosa acerca de la verdad de este relato.

En principio querían comprobar si algo en la costa del Pacífico, ese océano «con siete lenguas verdes, de siete tigres verdes», podía estimular un tipo de crea-

2 **«El cartero»:** *El cartero de Neruda*, erfolgreiche Verfilmung des Romans *Ardiente paciencia* von Antonio Skármeta.
3 **el/la periodista:** Journalist(in).
4 **provisto de:** versehen mit …
voraz: gefräßig, gierig, heißhungrig.
cercar: belagern.
5 **veraniego/a:** sommerlich, Sommer…
Tongoy: Badeort an der chilenischen Küste in der Region Coquimbo.
6 **afable:** nett.
entretejer: verflechten, weben.
9 **someter a una investigación a alg.:** jdn. einer Prüfung / einer Untersuchung unterziehen.
riguroso/a: rigoros, streng.
10 **el relato:** Erzählung.
11 **comprobar:** nachweisen, belegen.
12 f. **«con siete … tigres verdes»:** Zitat aus Pablo Nerudas »Oda al mar« (*Odas elementales*, 1954).
13 **estimular:** anregen, stimulieren.

ción que les parecía querible. Habían contemplado largamente el mar, y como la elaboración de metáforas les resultaba lenta, se decidieron a probar nuestros afrodisíacos locales, a saber mariscos insólitos tipo erizos, machas, picorocos, y el vino pródigo de estas tierras que por aquí tiene tanto prestigio como el español.

Animados por estos flagelos, que yo les reiteré con cordialidad sureña, me hicieron una pregunta que ningún autor puede responder, no tanto por modestia sino por ignorancia. Con los ojos chispeantes y sus cámaras fotográficas y filmadoras colgando efusivamente, querían que yo les explicara en qué consistía la «magia» del relato que había podido inspirar un film que ahora estaba masivamente nominado en la corte del cine.

Los corté abruptamente.

1 **contemplar:** betrachten, anschauen.
2 **la elaboración:** Herstellung; hier: Bilden.
4 **el afrodisíaco:** Aphrodisiakum (den Geschlechtstrieb anregendes Mittel).
insólito/a: außergewöhnlich.
5 **el erizo:** Seeigel.
la macha (Chil.): Schwertmuschel.
el picoroco (Chil.): Entenmuschel.
pródigo/a: großzügig; hier: reichhaltig, reich.
8 **los flagelos:** hier: Meeresfrüchte.
reiterar: wiederholen; hier: wiederholt anbieten.
9 **la cordialidad:** Freundlichkeit, Herzlichkeit.
sureño/a: etwa: aus dem Süden, dem Süden eigen.
10 **la modestia:** Bescheidenheit.
11 **chispeante:** funkelnd.
12f. **efusivamente:** überschwänglich.
15 **la corte:** Hof(staat).

Yo, señores, les dije, era un pájaro y no un ornitólogo. Y para usar una imagen futbolística agregué: No podía yo disparar el tiro de esquina y al mismo tiempo estar en el área para cabecearlo y meter el gol. Ni nuestro *Bam Bam* Zamorano, ese centrodelantero que algún día los madrileños añorarán, sería capaz de tal proeza.

Viendo sus ceños implacables, procedí a servirles algunos litros de pisco *sour*, un brebaje chileno de cuarenta grados, extirpado de la uva, al cual aquí se le bate con limón, azúcar, hielo, clara de huevo, y cuyo efecto permite al beneficiario olvidarse sin más de

1 f. **el ornitólogo / la ornitóloga:** Vogelkundler(in).
2 **agregar:** hinzufügen.
3 **el tiro de esquina** (dep.): Eckball.
4 **el área** (dep.): hier: Sechzehnmeter(raum).
cabecear (dep.): köpfen (Kopfball).
el gol: Tor.
5 **«Bam Bam» Zamorano:** Iván Luis Zamorano, geb. 1967; chilenischer Starfußballer, der vor allem durch seine Karriere bei Real Madrid weltbekannt wurde.
el centrodelantero (dep.): Mittelstürmer.
6 **añorar:** nachweinen, vermissen.
7 **la proeza:** Kunststück, Großtat.
8 **el ceño:** Stirnrunzeln.
implacable: unversöhnlich, unerbittlich.
proceder a (+ inf.): dazu schreiten etwas zu tun.
9 **el pisco sour:** Traubenschnaps peruanischen Ursprungs, der in Chile als Nationalgetränk betrachtet und mit Zitronensaft und Zucker zubereitet wird.
el brebaje: Gebräu, Gesöff.
10 **extirpar:** ausreißen; hier: auspressen.
11 **batir:** schlagen; hier: unterrühren.
la clara de huevo: Eiweiß.
12 **el beneficiario:** Nutznießer.

nombre, apellido, edad y, en el caso de los casados, frecuentemente de su estado civil. Pero lo que pensábamos como antídoto a la curiosidad, obró en otro sentido. Mis queridos interlocutores, desinhibidos por esta golosina, se confesaron. No era yo el primer motivo de sus crónicas sino que tenían en mente, por encargo de sus editores, una presa mayor: ubicar al Cartero, el personaje central de mi novela, para hacer una nota sobre él, su vida, su esposa Beatriz González, el hijo Pablo Neftalí Jiménez y, ya que estábamos, hasta sobre la refranera e inclemente suegra. Como autor de la obra yo sin duda conocía sus señas, y me pedían que tuviera la bondad, la gentileza, el infinito gesto fraternal, de proporcionarles esos datos exclusivos.

Bebí mi pisco *sour* con la misma alegría que Sócra-

2 **el estado civil:** Familienstand.
3 **el antídoto:** Gegengift.
obrar: handeln; hier: wirken.
4 **el interlocutor:** Gesprächspartner.
desinhibido/a: enthemmt, hemmungslos.
5 **la golosina:** Leckerbissen, Gaumenfreude, Köstlichkeit.
6f. **por encargo:** im Auftrag.
7 **la presa:** Beute.
ubicar a alg. (Am.): jdn. platzieren; hier: jdn. finden.
11 **refranero/a** (fam.): etwa: Sprichwörter zitierend (*el refrán:* Sprichwort).
inclemente: unbarmherzig.
12 **las señas** (pl.): Adresse.
13 **la gentileza:** Höflichkeit, Freundlichkeit.
infinito/a: endlos, unendlich.
14 **fraternal:** brüderlich.
proporcionar algo a alg.: jdm. etwas besorgen, verschaffen.

tes debió haber sentido al tragar la cicuta. Me sorprendían con el cuerpo del delito en las manos. Ahora tenía que confesarles a camarógrafos, detectives, iluminadores y maquilladoras que el Cartero no existía, que era apenas un personaje arrancado de mi alma y puesto en la vía pública por las vías de mi imaginación. Pero junto con el pánico, debo admitirlo con rubor, un humilde orgullo se asentó en mi pecho. Había creado un ser ficticio que, de acuerdo a estos emisarios del mundo real, debiera existir.

Recordé entonces que no era la primera vez que me veía enfrentado a semejante brete. Más o menos en los mismos años en que escribí *El cartero de Neruda* había concebido mi novela *No pasó nada:* ambas

1 **tragar:** (hinunter)schlucken.
la cicuta: Schierlingsbecher; Trank mit dem tödlichen Gift des gefleckten Schierlingsgewächses, der im alten Griechenland zum Tode Verurteilten gereicht wurde; hier: Anspielung auf die Hinrichtung Sokrates' 399 v. Chr.

1f. **sorprender a alg. con el cuerpo del delito en las manos** (loc.): jdn. auf frischer Tat ertappen (*el cuerpo del delito:* Beweisstück).

4 **el iluminador / la iluminadora** (tea./cin.): Beleuchter.
el maquillador / la maquilladora (tea./cin.): Maskenbildner(in).

5 **arrancar:** herausreißen, entreißen.

8 **el rubor:** Schamröte, Schamgefühl.
humilde: bescheiden.
el orgullo: Stolz.
asentarse: sesshaft werden, sich niederlassen; hier etwa: sich breit machen.

9 **ficticio/a:** (frei) erfunden, fiktiv.

10 **el emisario / la emisaria:** Agent(in), Abgesandte(r).

12 **enfrentar:** gegenüberstellen, konfrontieren.
el brete: Fußeisen; hier (fig.): Klemme, schwierige Lage.

14 **concebir:** planen, entwerfen.

estaban en una galaxia semejante de emociones, aunque separadas por lo que Neruda llamaba «una tajante geografía». El Cartero, como lo entendieron los lectores sin que el narrador se lo precisara, se esfumaba en el terror de la dictadura chilena en tanto que *Nopasónada* había huido, arrastrado por sus padres, hacia una Europa que ofrecía a los exiliados los pulmones de la libertad, pero también el dolor de la lejanía. A uno de ellos, en un patético umbral entre la noche y la madrugada, le oí decir que hubiera preferido una muerte cierta en la patria lejana, a este melancólico agonizar en idiomas incompatibles. Despojados de su ámbito natural, desprovistos de sus utopías, minuciosamente derrotados, los emigrantes latinoamericanos comenzaron una militancia en guetos de melan-

2 **Neruda:** Pablo Neruda, geb. 1904; chilenischer Dichter, Diplomat und Literaturnobelpreisträger 1971.
2f. **«una tajante geografía»:** Zitat aus der Nobelpreisrede Pablo Nerudas 1971 (*tajante:* schroff, schneidend).
4f. **esfumarse:** verschwinden, sich in Luft auflösen.
6 **arrastrar:** ziehen, schleifen; hier: arrastrar a alg. (fam.): jdn. mitschleppen.
8f. **la lejanía:** Ferne.
9 **patético/a:** leidend, schmerzvoll, pathetisch.
el umbral: Schwelle.
10 **la madrugada:** Morgendämmerung, Tagesanbruch.
12 **agonizar:** dahinsiechen, mit dem Tod ringen.
incompatible: unverträglich, unvereinbar.
despojar: wegnehmen, berauben.
13 **el ámbito:** Bereich, Umgebung.
desprovisto/a: frei von, bar.
13f. **minuciosamente:** peinlich genau, minuziös.
14 **derrotar:** schlagen, besiegen, zugrunde richten.
15 **la militancia:** aktive Teilnahme, Aktivismus.
el gueto: Ghetto.

colía que muchas veces les impidió asumir las pasiones cotidianas de los países que les ofrecían refugio.

Por áspero que suene, desde el punto de vista emocional, para un exiliado el mundo se divide únicamente entre el país que perdió y el resto del planeta. Así, mis compatriotas iban de ciudad en ciudad en una lenta rutina de intercambio de malas noticias sobre la tierra ausente y programando modestas acciones políticas cuyo eco en Chile era ínfimo. Se consolaban invitándose a cenar platos típicos del país que cocinaban con alegría, poco deseosos a establecer relaciones con aquellos que no hicieran de sus dolores y obras militantes también el primer motivo de sus obsesiones.

Pero si sus vidas eran aplazables hasta el momento en que se reencontraran con la patria liberada, las de sus hijos tenían otra urgencia: aprendían el idioma anfitrión en la escuela, los apasionaba la calle, sus jóvenes almas entraban en contacto con las de seres de su misma edad y compartían con énfasis adolescente

1 **asumir:** auf sich nehmen, übernehmen.
2 **cotidiano/a:** alltäglich.
el refugio: Zuflucht.
3 **por áspero que suene:** so bitter es auch klingen mag (*áspero/a:* rau, bitter).
6 **el/la compatriota:** Landsmann, -männin.
8 **ausente:** abwesend, fehlend.
9 **ínfimo/a:** minimal, äußerst gering.
15 **aplazable:** aufschiebbar, verlegbar.
17 **la urgencia:** Dringlichkeit.
18 **el anfitrión / la anfitriona:** Gastgeber(in).
apasionar: begeistern.
20 **el énfasis:** Emphase, Nachdruck.
adolescente: halbwüchsig, jugendlich.

los ídolos del cine, la canción, la televisión, los locales de baile y los bares, los cafés universitarios, las primeras palpitaciones sentimentales, los desfogues eróticos, los libros y los chistes. Si los padres habían entrado en un tiempo de recogimiento, de reflexión y tristeza, a ellos se les ofrecía la expansión, las exploraciones de lo desconocido, la aventura de emigrar hacia el otro, la posibilidad de ser diferente en un medio homogéneo, con todo lo que tenía de riesgoso y excitante, en fin, toda la prosa aireada de temas juveniles que ventilaban en las calles las letanías y reprimendas hogareñas.

El encapsulamiento de los padres en sus obsesiones, inspirados en la nobleza de vivir pendiente del país oprimido o en los trabajos solidarios hacia quienes intentaban la resistencia en Chile, contribuyó a que las familias vivieran en conflicto. Fueron muchos los hogares que se quebraron, incapaces de vivir

3 **las palpitaciones** (pl.): Herzklopfen (*la palpitación:* Herzschlag).
el desfogue: Ausbruch; hier: Wallung, Erregung (dazu *desfogar:* losbrechen, sich entladen).
5 **el recogimiento:** Zurückgezogenheit.
6f. **la exploración:** Erforschung, Erkundung.
10 **aireado/a:** luftig.
juvenil: jugendlich, Jugend…
11 **ventilar:** belüften; hier: auslassen, verbreiten.
la letanía: Litanei (Bittgebet; eintöniges Gerede; endlose Aufzählung).
la reprimenda: Schelte.
12 **hogareño/a:** häuslich (*el hogar:* Zuhause, Heim).
13 **el encapsulamiento:** Sicheinschließen, Abkapseln.
14 **(estar) pendiente de algo:** von etwas abhängig sein.
18 **quebrar(se):** zerbrechen.

entre paréntesis, en el limbo entre un país real que no aceptaban y un país fantasma que no los aceptaba a ellos. Arreciaron las separaciones y los divorcios. El chileno, ampliamente participativo en la vida de su sociedad, carecía de horizontes que le permitieran crecer con la «compañera»; el mero discurso de la nostalgia o la aspiración a un utópico día reivindicativo no bastaban para darle cohesión «real» a su pareja y a la familia.

Soy de la clase de escritor que hace sus ficciones en primer lugar con las emociones de su experiencia personal. La historia me deparó el trance de ser testigo de acontecimientos mayúsculos que animaron o destrozaron las vidas cotidianas de mis personajes. Uno de

1 **entre paréntesis:** in Klammern; hier (fig.): ausgeklammert.
el limbo: Limbus (Teil der Unterwelt; Vorhölle); hier (fig.): Schwebezustand.
2 **el país fantasma:** Geisterland.
3 **arreciar:** zunehmen.
4 **ampliamente:** reichlich.
5 **carecer:** nicht haben, ermangeln.
6 **mero:** bloß, rein.
7 **la aspiración:** Wunsch, Streben.
7f. **el día reivindicativo:** etwa: der Tag der Abrechnung (*reivindicar:* Anspruch erheben).
8 **bastar:** ausreichen, genügen.
la cohesión: Zusammenhalt.
12 **deparar:** anbieten, bescheren.
el trance: kritischer Augenblick; hier: Lage.
el testigo: Zeuge.
13 **el acontecimiento:** Ereignis, Begebenheit.
mayúsculo/a (fam.): enorm, riesig, bedeutend.
animar: beleben.
13f. **destrozar:** zerstören, vernichten.

ellos había sido el de los héroes en *El cartero de Neruda*, quienes cerraban un alegre festín de crecimiento, amor y amistad con una figura trágica: moría la democracia en Chile por obra de un golpe cruel y dos semanas después moría Pablo Neruda. Con dolorosa sincronización se apagaban la libertad y la poesía. Era ésta una metáfora que yo no inventaba: me la ofrecía la historia y decidí recogerla con unción. Aquella novela terminaba con un periodista que le ofrecía azúcar al narrador para que la pusiera en su café, pero éste cubría la taza diciendo: «No, gracias, lo tomo amargo.»

Durante mucho tiempo, ése fue el sabor que predominó en mi boca. Exactamente hasta que un día conocí en Berlín al primer personaje que inspiraría *No pasó nada*. Me lo presentó mi hijo adolescente, mientras pulsaba sin compasión un contrabajo entre las indecisas murallas de mi viejo departamento berlinés, con la siguiente frase: «A éste le gusta más la literatura que la música.» Bajo el estruendo de los onomatopéyicos zum-zum del ronco instrumento le pregunté qué le gustaba leer.

1 **el héroe / la heroína:** Held(in).
2 **el festín:** Bankett, Feier.
el crecimiento: Wachstum.
8 **la unción:** Andacht.
10 **el narrador / la narradora:** Erzähler(in).
11 **amargo/a:** bitter; hier: schwarz (Kaffee).
12f. **predominar:** überwiegen, vorherrschen.
16 **pulsar:** drücken, anschlagen; hier: spielen (Musikinstrument).
sin compasión: erbarmungslos.
el contrabajo: Kontrabass.
19 **el estruendo:** Lärm, Getöse, Radau.
19f. **onomatopéyico/a:** lautmalerisch, lautmalend.
20 **ronco/a:** rau, heiser.

– No me gusta tanto leer, como escribir – me dijo.

– ¡Vaya! ¿Y cómo es que va lo uno sin lo otro?

– Lo que pasa es que si leo, temo que me influya otro estilo.

– ¿Y cómo es *tu* estilo?

– Al lote.

Esta chilenísima expresión significa «como salga». Es sabido que los adolescentes miden todos los valores del mundo con la vara de su espontaneidad. Sus egos no son más pequeños que las espinillas de su acné. Coordinando más tarde talleres literarios para jóvenes, me encontré en ocasiones con vivaces líderes bárbaros convencidos de que la cultura es dañina para la autenticidad, y alguna vez tuve éxito polemizando con ellos y haciéndoles ver que la espontaneidad sin sofisticación era candidata segura al lugar común, así como la naturalidad sin ironía era como beber un *dry Manhattan* sin la aceituna.

Supe que este muchacho había venido a casa para organizar con mi hijo una velada rock a beneficio de la resistencia chilena. Es decir, la organización la po-

6 **al lote** (Chil., fam.): etwa: aufs Geratewohl.
8 **medir:** messen.
9 **la vara:** Rute, Stange; hier: Messstab.
10 **la espinilla:** Pickel, Mitesser.
12 **vivaz:** lebhaft.
el líder: Führer, Idol.
13 **bárbaro/a:** barbarisch; hier (fam.): cool.
dañino/a: schädlich, abkömmlich.
16 **la sofisticación:** Verfeinerung.
16f. **el lugar común:** Gemeinplatz.
18 **la aceituna:** Olive.
20 **la velada:** Abend-, Nachtveranstaltung.

níamos los padres que trasnochábamos sobre nuestros mimeógrafos grabando volantes donde se anunciaba el fin inminente de la dictadura, y la música era el aporte de los jóvenes, quienes por cierto comulgaban mejor con Led Zeppelin y The Electric Light Orchestra que con Quilapayún e Inti-Ilimani. El chico había traído un «poema» como contribución a la «jornada de lucha y rock», con la esperanza de que mi hijo y su banda amateur le pusieran música y la cantaran. El texto le temblaba en la mano, pues mi hijo, que adoraba la violencia verbal de Jim Morrison, acababa de rechazárselo con un bruletazo: «Es cursilería soft.»

Viéndolo en ese desamparo lo invité a mi estudio, le propiné un café alemán, brebaje muy poco estimu-

1 **trasnochar:** (die Nacht) durchmachen, durcharbeiten, sich die Nacht um die Ohren schlagen.
2 **el mimeógrafo:** Kopiergerät.
grabar: gravieren; hier: drucken.
el volante: Flugblatt, Flyer.
3 **inminente:** imminent, nahe bevorstehend.
4 **el aporte:** Beitrag.
4 f. **comulgar con algo:** Zugang zu etwas haben, sich mit etwas identifizieren.
5 **Led Zeppelin:** Hardrockgruppe der 70er Jahre.
5 f. **The Electric Light Orchestra:** Klassik-Rockgruppe der 70er Jahre.
7 **la contribución:** Beitrag.
7 f. **la jornada:** Arbeitstag; hier: den ganzen Tag dauernde Veranstaltung.
10 **temblar:** zittern.
11 **Jim Morrison:** Leadsänger von *The Doors*, gest. 1971.
12 **el bruletazo** (fam): Brutalität; hier etwa: brutale Antwort.
la cursilería soft (fam.): etwa: Softiekitsch.
13 **el desamparo:** Schutzlosigkeit, Verlassenheit.
14 **propinar algo a alg.:** jdm. etwas verpassen, auftischen.

lante, y le pedí que me mostrara el texto rechazado y algún otro más que traía archivados en una carpeta empastada con el rostro de Elvis Costello inserto en un par de miopísimos anteojos. La «cursilería soft» la puedo reproducir al detalle, pues la guardé entre los materiales con que hice mi novela *No pasó nada*. Decía:

Échate el pelo con la mano atrás
échate lentamente el pelo con la mano atrás
échate una vez más lentamente el pelo con la mano atrás
échate otra vez más una vez más lentamente el pelo con la mano atrás
échate infinitamente otra vez más una vez más lentamente el pelo con la mano atrás.

Le puse un quintal más de azúcar al café para mejorarle el sabor y me recliné en la poltrona con las manos cruzadas tras la nuca.

– Lo encuentra demasiado repetitivo, ¿cierto?

– No, hombre, más que repetitivo, rítmico y obsesivo.

2 **la carpeta:** Mappe, Ordner.
3 **empastar:** kartonieren; hier: bedrucken.
Elvis Costello: englischer Rockstar, geb. 1954.
inserto/a: eingerahmt (dazu *insertar:* einfügen).
4 **los miopísimos anteojos:** etwa: Brille für stark Kurzsichtige (*miopísimo*, superl.: *miope:* kurzsichtig).
16 **el quintal:** Zentner.
17 **reclinarse:** sich zurücklehnen.
la poltrona: Lehnstuhl, Ohrensessel.
18 **la nuca:** Nacken.

Ladeó el cuello y se me quedó mirando como esos pájaros alucinados de los bosques nocturnos.

– Rítmico y obsesivo – repitió.

Se sobó las manos igual que si acabara de recibir un regalo inconmensurable. Su probable depresión parecía haberse esfumado.

– Repetitivo, rítmico, y obsesivo – le rimé.

– Repetitivo, rítmico, obsesivo y definitivo – dijo, golpeándose las rodillas.

Se levantó con ese desgarbado arresto juvenil donde parece que los huesos fueran repúblicas independientes de las articulaciones.

– ¿Usted cree, tío, que eso que leyó *es* poesía?

Hay que advertir que el vocablo «tío» para llamar a un amigo del padre era en ese tiempo una actitud muy en boga. Me detengo en ese término pues he sido muchas veces víctima de él cuando me he acercado a hijas jóvenes de compatriotas con intenciones ambiguas, quienes al aplicármelo me han hundido en el más sublime ridículo y en la más estimulante inhibición.

1 **ladear:** zur Seite drehen, zur Seite neigen.
2 **nocturno/a:** nächtlich, Nacht…
4 **sobarse las manos:** sich die Hände reiben.
5 **inconmensurable:** unermesslich, unschätzbar.
10 **desgarbado arresto juvenil:** jugendlich täppisches Ungestüm (*desgarbado/a:* ungelenk; *el arresto:* Verwegenheit).
12 **la articulación:** Gelenk.
16 **en boga:** ‚in‘, en vogue (*la boga:* Mode).
18 **ambiguo/a:** zweideutig.
19 **aplicar:** anwenden, applizieren.
hundir: versenken.
19f. **sublime:** erhaben.
20 **el ridículo:** Lächerlichkeit.
la inhibición: Hemmung.

– No me digái «tío», ¿querís?

– ¿Por qué no?

– Porque es una cursilería – le dije vengativo.

– Y el texto también, ¿verdad?

– El texto está bien. ¿Cómo te inspiraste para escribirlo?

– Estaba en un café y en la mesa de enfrente había una muchacha leyendo un libro. Cada cierto tiempo se echaba el pelo para atrás sin dejar de leer. Y eso me emocionó.

– Te emocionó.

– Sentí que estaba enamorado de ella.

Recuerdo que fue una tarde de primavera en Berlín. El sol se había prodigado y la brisa que ahora entraba desde la terraza era agradable. No se me hubiera ocurrido escribir con una experiencia como ésa un poema, y menos del estilo del chico chileno, pero entendía minuciosamente su emoción. Cientos de veces, la presencia de ciertas mujeres me había cortado el aliento. Junto al placer de verlas existir allí tan plenas, excitantes y ajenas, me acometía un sentimiento de belleza que inevitablemente

1 **digái** (Chil., fam.): *digas*.
querís (Chil., fam.): *quieres*.
3 **vengativo/a:** rachsüchtig, nachtragend.
10 **emocionar a alg.:** jdn. berühren, bewegen.
14 **se había prodigado:** etwa: hatte getan was sie konnte, hatte sich selbst übertroffen (*prodigar:* verschwenden).
20 **el aliento:** Atem.
21 **pleno/a:** voll.
ajeno/a: fremd.
21 f. **acometer:** befallen, überkommen.
22 **inevitablemente:** unweigerlich.

desembocaba en una «emoción» que me provocaba dolor. De alguna manera me parecía tranquilizante que un adolescente comulgara con una pasión como la mía. En verdad, ya comenzaba a considerarla un daño de la edad.

Ése fue el momento preciso en que mi alma se conectó con la historia de *No pasó nada.* Mi editor me había sugerido que escribiera una ficción sobre el exilio, un motivo que tocaba a tantos pueblos con sus emigrantes, y que afligía también a tantos países que debían recibirlos sin conocer su mentalidad, cultura, tradiciones ni aspiraciones. Dos puntos me apartaban hasta entonces de acometer la empresa. Uno era que ya tenía el concepto para escribir *El cartero de Neruda*, historia a la cual le faltaba unos pocos gramos de concentración para hacer su escritura inaplazable. Otro era la impresión más bien melancólica que me causaba el exilio de mis compatriotas y el mío propio. No quería escribir en ese momento algo que me sometiera a una doble derrota, la ausencia de mi país y la eventualidad de que mi prosa se impregnara de

1 **desembocar en algo:** in etwas münden, zu etwas führen.
8 **sugerir:** anregen.
10 **afligir:** bedrücken, quälen, peinigen.
12 **la aspiración:** Streben.
apartar: abhalten, abbringen.
16 **inaplazable:** unaufschiebbar.
19f. **someter:** unterziehen, unterwerfen.
20 **la derrota:** Niederlage.
la ausencia: Abwesenheit, Fehlen.
21 **impregnarse:** durchtränkt werden, geprägt werden, etwas in sich aufnehmen.

desesperanza. Pero la visita de ese chico con su texto «repetitivo, rítmico, obsesivo, y definitivo» me inspiró algo urgente.

Había que contar la experiencia del exilio no desde las víctimas directas, es decir los padres conscientes e ideologizados, sino desde los hijos, quienes dentro de la familia estaban en los valores del terruño, pero que en el aura de las calles extranjeras tenían que acomodarse a la ley de la sobrevivencia. Ni la nostalgia, ni el recuerdo, ni la improbable alborada que prometían las canciones protesta para cuando cayera el dictador servían de salvoconducto en esos laberintos llenos de ansias.

Desde ese día, cada vez que visitaba a mis amigos incursionaba un poco en las vidas de sus herederos. Les hurgueteaba sus discos, libros y revistas, alababa sus afiches deportivos y cinematográficos en la pared, permitía que sus compañeras del liceo corrigieran mi chirriante pronunciación del alemán, y no perdí ocasión de provocarlos para que me hablaran sobre sus

1 **la desesperanza:** Hoffnungslosigkeit.
5 **consciente:** bewusst.
7 **el terruño:** (das Stückchen) Heimat.
8 **el aura** (f.): Hauch, milder Wind.
10 **la alborada:** Morgendämmerung, Morgenstimmung.
12 **el salvoconducto:** Geleitbrief, Geleitschutz.
13 **el ansia** (f.): Sehnsucht.
15 **incursionar:** einfallen, eindringen.
el heredero / la heredera: Erbe / Erbin.
16 **hurguetear** (Am.): herumschnüffeln, durchstöbern.
alabar: loben, preisen.
17 **el afiche** (Am.): Plakat.
19 **chirriante:** schrill; hier: stark (Akzent).

conflictos con los «viejos», sus dilemas con la calle y la escuela y el color de su cabello y el tinte de su piel, y sobre todo acerca de cómo arreglaban cuentas con su país natal, que cada día se alejaba más y que parecía aglutinarse sólo en cuatro o cinco iconos: el palacio presidencial en llamas bombardeado por los golpistas, una foto de Allende, los discos de Quilapayún, la bandera tricolor con la estrella «solitaria», el compañero llegado del «interior» a quien había que prestarle por algunos días la cama.

A las pocas semanas ya tenía mi veredicto: nuestros muchachos navegaban fluidamente en un doble código: aceptaban los retos del nuevo ambiente y al mismo tiempo no se desafiliaban del universo de sus padres. En el primer tema los inspiraban las ganas, el frenesí de la edad, el ritmo de la música y las sístoles y diástoles de sus corazones que no querían fronteras. Pero frente a sus progenitores sabían ejercer la ternu-

2 **el tinte:** Färbung, Teint.
3 **arreglar cuentas:** abrechnen.
5 **aglutinarse en algo:** sich an etwas festklammern.
el icono: Ikone, Symbol.
6f. **el/la golpista:** Putschist(in).
9 **el interior:** hier: das Landesinnere (von Chile).
11 **el veredicto:** (abschließendes) Urteil, Urteilsspruch.
12 **fluidamente:** fließend; hier: gewandt.
13 **el reto:** Herausforderung.
14 **desafiliarse:** austreten; hier: nicht mehr angehören.
16 **el frenesí:** Ungestüm, Leidenschaft.
la sístole / la diástole (med.): Systole (Anspannungs- und Auswurfsphase des Herzens) und Diastole (Entspannungs- und Füllungsphase).
18 **el progenitor / la progenitora:** Erzeuger(in).

ra. A veces, con su habilidad para el idioma, eran sus traductores, en litigios y discursos. Decían «venceremos» a pesar de las dudas en sus corazones. Comían empanadas y pasteles de choclo, y aceptaban que nuestra cordillera fuera la más imponente, nuestros vinos los más turbulentos, nuestras ideas políticas las más justas, nuestros mártires los más inolvidables.

Pero al momento de vivir, me enseñaron algo que un día bauticé como «ironía democrática». Es decir, estaban dispuestos a burlarse de todas las necedades del mundo, pero en primer lugar de ellos mismos. Conocí a muchos amigos del poeta «reiterativo», los entrevisté grabadora en mano, hablé con sus novias, fui a sus partidos de fútbol en los pastos del Tiergarten, me olvidé de mi rol de observador y entré una vez a la cancha para reclamar un penal contra mi hijo que yacía demolido en el área chica por un *panzer* de ojos verdes y hombros de rugbista. A veces los vi llorar

1 **la habilidad:** Geschicklichkeit.
2 **el litigio:** Streit, Auseinandersetzung.
3 **a pesar de:** trotz.
4 **el pastel de choclo:** in Maisblätter gehülltes, gekochtes Gericht aus Mais; *el choclo* (Am.): Mais, schon in der Sprache der Incas.
5 **imponente:** eindrucksvoll.
9 **bautizar:** taufen.
10 **estar dispuesto a hacer algo:** bereit sein etwas zu tun.
la necedad: Torheit, Dummheit.
14 **el pasto** (Am.): Wiese.
16 **la cancha:** Sportplatz; hier: Fußballfeld.
el penal (dep.): Strafstoß, Elfmeter.
17 **yacer:** (am Boden) liegen.
demoler: zerstören; hier: umwerfen, zu Boden werfen.
el área chica (dep.): Torraum.
18 **el rugbista** (fam.): *el jugador de rugby:* Rugbyspieler.

sobre las faldas de sus madres, y otras veces estuve cuando ellos las consolaban con mimos, canciones, promesas o mentiras piadosas.

Hasta que un día de otoño dejé de lado todos mis apuntes, mis casetes y mi silencio, y dejé que *Nopasónada* contara su historia con pelos y señales.

2 **el mimo:** Streicheln, Streicheleinheit.
3 **la mentira piadosa:** Notlüge.
6 **contar algo con pelos y señales** (loc.): etwa: etwas haarklein erzählen.

Editorische Notiz

Der spanische Text folgt der Ausgabe: Antonio Skármeta, *No pasó nada*, Barcelona: Plaza & Janés, 1996. Das Glossar enthält alle Wörter, die nicht in der Wortschatzsammlung *Thematischer Grund- und Aufbauwortschatz Spanisch* von José María Navarro und Axel J. Navarro Ramil (Stuttgart: Klett, 2001) enthalten sind. Dabei wird der Grundwortschatz in der Regel als bekannt vorausgesetzt; Wörter, die zum Aufbauwortschatz zählen, sind hier erklärt. Allerdings wurde bei auch im Deutschen verständlichen und geläufigen Begriffen auf eine Erklärung verzichtet.

Im Glossar verwendete spanische Abkürzungen

adv.	adverbio (Adverb)
alg.	alguien, alguno (jemand)
Am.	Americanismo (Amerikanismus: nur in Lateinamerika gebräuchlich)
cin.	cine (Film)
Chil.	Chile (nur in Chile gebräuchlich)
dep.	deporte (Sport)
dim.	diminutivo (Diminutiv)
f.	femenino (weiblich)
fam.	lenguaje familiar (umgangssprachlich)
fig.	sentido figurado (sinnbildlich, übertragen)
inf.	infinitivo (Infinitiv)
interj.	interjección (Ausrufewort)
loc.	locución (Redewendung)
m.	masculino (männlich)
med.	medicina (Medizin)
mil.	militar (Militär)
mús.	música (Musik)

onomat.	onomatopéyico (lautmalend)
pey.	peyorativo (abwertend)
pl.	plural (Plural)
pol.	política (Politik)
superl.	superlativo (Superlativ)
tea.	teatro (Theater)
vul.	lenguaje vulgar (vulgär)

Literaturhinweise

I. Werke von Antonio Skármeta

Romane

Soñé que la nieve ardía. Barcelona: Plaza & Janés, 1975.
Dt.: *Ich träumte der Schnee brennt.* Darmstadt/Neuwied: Luchterhand, 1978.

No pasó nada. Barcelona: Ed. Pomaire, 1980.
Dt.: Nixpassiert. Darmstadt/Neuwied: Luchterhand, 1978. (Später als: *Aus der Ferne sehe ich dieses Land.* München: Piper, 1993.)
Verfilmung: Spielfilm *Aus der Ferne sehe ich dieses Land.* Christian Ziewer, WDR Basisproduktion 1978.

La insurrección. Hanover: Ed. del Norte, 1982.
Dt.: *Der Aufstand.* Wuppertal: Hammer, 1981.

Ardiente Paciencia. 1985. Hanover: Ed. del Norte, 1985.
Dt.: *Mit brennender Geduld.* München: Piper, 1984.

Match ball. Buenos Aires: Ed. Sudamericana, 1989.
Dt.: *Sophies Matchball.* München: Piper, 1992.

La boda del poeta. Madrid: Ed. Debate, 1999.
Dt.: *Die Hochzeit des Dichters.* München: Piper, 2000.

La chica del trombón. Madrid: Ed. Debate, 2001.
Dt.: *Das Mädchen mit der Posaune.* München: Piper, 2002.

El baile de la victoria. Barcelona: Ed. Planeta, 2003.
Dt.: *Der Dieb und die Tänzerin.* München: Piper, 2005.

Neruda por Skármeta. Barcelona: Ed. Planeta / Seix Barral, 2004.

Erzählungen

El entusiasmo. Santiago de Chile: Ed. Zig Zag, 1967.

Desnudo en el tejado. Buenos Aires: Ed. Sudamericana, 1969.

Tiro libre. Buenos Aires: Siglo XXI Ed., 1973.

El ciclista del San Cristóbal. Santiago de Chile: Ed. Quimantú, 1973.

Dt.: *Der Radfahrer von San Cristóbal. Erzählungen.* München/Zürich: Piper, 1986.
Novios y solitarios. Buenos Aires: Losada, 1975.
La composición. Madrid: Ed. SM / Caracas: Ed. Ekaré, 1998.
Dt.: *Der Aufsatz*. Hamburg: Dressler, 2003

II. Internetseiten

http://www.biografiasyvidas.com/biografia/s/skarmeta.htm
http://www.clubcultura.com/clubliteratura/clubescritores/skarmeta/obra_novelas07.htm
http://www.buber.esc.edu.ar/egb/6_criticas_web/2001/resnik_luciana.htm
http://www.escritores.cl/antologia/Skarmeta/skarmeta.htm
http://www.elpais.com/articulo/cultura/SKaRMETA/_ANTONIO_/ESCRITOR/CHILE/Antonio/Skarmeta/exito/regala/tiempo/creacion/elpepicul/19960912elpepicul_2/Tes/
http://rdelcampov.blogspot.com/2007/07/antonio-skrmeta-soy-un-creador-que-ama.html
http://www.memoriachilena.cl/mchilena01/temas/documentos.asp?id_ut=antonioskarmeta(1940)
http://luchadores.wordpress.com/2006/12/22/antonio-skarmeta-su-formacion-en-buenos-aires-los-caminos-del-exilio-y-la-aventura-de-escribir/
http://www.casadelasamericas.com/premios/literario/honorificos/arguedas/2003/autor.htm
http://www.etcetera.com.mx/1999/359/hgjas359.html
http://www.webe.laencrucijada.com/2005/12/tema_14_antonio_skarmeta.html

Nachwort

Biographisches über Antonio Skármeta

Esteban Antonio Skármeta Vranicic kommt am 7. November 1940 in Antofagasta im Norden Chiles zur Welt. Seine Eltern sind kroatischer Abstammung und laut Familienlegende wandern seine Vorfahren nicht wegen drückender Armut oder Verfolgung aus, sondern um die Südhalbkugel dieser Erde und überhaupt Neues und Unbekanntes kennenzulernen. Skármetas Eltern lassen sich zuerst in Santiago de Chile nieder und 1949 in Buenos Aires.

Drei Jahre später kehrt die Familie nach Chile zurück, Skármeta besucht das Gymnasium »General José Miguel Carrera« und studiert später Philosophie und Literaturwissenschaft an der Universidad de Chile. Seine Dissertation verfasst er über den spanischen Philosophen José Ortega y Gasset[1], dessen Schüler Francisco Soler Grima sein Lehrer an der Universität ist; Skármeta kann somit als Enkelschüler Ortega y Gassets bezeichnet werden. Sein Interesse gilt auch anderen großen Denkern der ersten Hälfte des vergangenen Jahrhunderts: Jean-Paul Sartre, Albert Camus und Martin Heidegger. Nach seinen Studien in Chile unterrichtet und studiert Skármeta an der Columbia University in New York. Er wird ordentlicher Professor für Axiologie (Wertelehre) am Philosophischen Institut der Universidad de Chile und später Lehrstuhlinhaber für Allgemeine Literaturwissenschaft.

In den 60-er Jahren ist er Mitglied der Acción Popular y Unitaria (MAPU), einer christlichen Linksgruppierung, die sich von den Christdemokraten Chiles abgespalten hat. 1964 heiratet er die Malerin Cecilia Boisier, mit der er zwei Kinder hat, Beltrán und Gabriel. Dass einer der Söhne Schrift-

1 Ortega y Gasset (1883–1955) studierte in Deutschland – vor allem in Marburg – und war ein großer Bewunderer deutscher Kultur und Denkweise. Sicher ist es kein Zufall, dass Skármeta Deutschland als Exilheimat wählte.

steller und Philosoph werden sollte und der andere Musiker, ist in den Epilog zu *No pasó nada* eingeflossen: der junge Mann, über dessen Erlebnisse im Berliner Exil berichtet wird, ist poetisch und philosophisch begabt und interessiert sich mehr für Literatur als für Musik.

Skármetas schriftstellerische Laufbahn beginnt in den 60-er Jahren mit einer ersten Sammlung von Kurzgeschichten, *El entusiasmo* (1967), die noch in der Tradition der Jugend- und Protestliteratur der 50-er Jahre in den USA (Kerouac, *On the Road*; Salinger, *The Catcher in the Rye*) stehen. Es sind die Jahre, in denen eine Jugend-, eine Gegenkultur entsteht – »época en la que los jóvenes pasaron de ser una categoría biológica a ser una categoría cultural«[2] –, und der junge Autor nimmt in seinen Geschichten die Einflüsse der Rockmusik, des Kinos, des Journalismus, der Sportereignisse und verschiedenster Bereiche der Popkultur auf.

1969 erhält er in La Habana den Premio Casa de las Américas für seinen Erzählungband *Desnudo en el tejado*. Anfang der 70-er Jahre, während der Regierungszeit Salvador Allendes, ist er neben seiner Professur für Literaturwissenschaft an der Universidad de Chile auch Theaterdirektor. In diesen Jahren drehte er einen Film über die Unidad Popular, die Koalition, die Allende an die Macht gebracht hatte, zusammen mit dem deutschen Regisseur Peter Lilienthal. Aus dem Drehbuch zu diesem Film entstand 1982 der Roman *La insurrección*, der im Nicaragua der Sandinistenrevolution angesiedelt ist.

Der Militärputsch in Chile vom 11. September 1973 zwingt Skármeta, zusammen mit dem Regisseur Raúl Ruiz das Land zu verlassen. Nach einem einjährigen Aufenthalt in Argentinien, wo er ein Buch mit Kurzgeschichten, *Tiro libre*, publiziert, geht er für die nächsten fünfzehn Jahre seines Exils nach Westdeutschland. In West-Berlin arbeitet er als Professor für Dramaturgie, Drehbuch und Stoffentwicklung an der Deutschen Filmakademie.

2 http://www.biografiasyvidas.com/biografia/s/skarmeta.htm

Skármeta gelingt es – noch im argentinischen Exil – schnell, sich mit seiner schriftstellerischen Arbeit auf die neuen Umstände einzulassen. 1975 beschreibt er in *Soñé que la nieve ardía* den Putsch, den er ja selbst miterlebt hatte, aus der Sicht eines jungen Fußballspielers und erzählt dessen persönliches und politisches Heranwachsen.

Während viele Exilchilenen dachten, dass der Spuk der Militärjunta im ehemaligen Musterland der Demokratie (Chile galt wie Uruguay als »Suiza de América del Sur«) bald vorbei sein würde, und im kalten und fremden Europa auch kaum Fuß fassten, integrierte sich Skármeta schnell. Und dennoch vergingen fünf Jahre bis zu seiner nächsten Publikation in spanischer Sprache, dem Kurzroman *No pasó nada*[3]. 1980 erscheint die Geschichte eines chilenischen Jugendlichen, der die Erfahrungen der meisten Pubertierenden eben im Exil macht, weil er den Verlust seines Landes und seiner Kultur nicht als einen alles andere ausblendenden Schmerz erfährt und sich altersgemäß schneller und unkomplizierter als seine Eltern und die erwachsenen Exilanten auf die neue Sprache und Kultur einlässt. Er selbst sagt dazu:

> Mi exilio fue tiempo de padecimiento y de crecimiento. Padecimiento, en el sentido de que es extremadamente doloroso saber que lo que origina el exilio es una brutalidad mayor, insoportable para cualquier persona sensible, más en el caso de un artista. Si tú estás exiliado, te puedes abrir a la cultura local y crecer dentro de ella, entregarle tu corazón, tu inteligencia y por lo tanto nutrirte de otras culturas y otras realidades locales que fortalecen tu imaginación, y después, probablemente, tu acción política. Y la otra opción, que siguieron compañeros más desesperados, fue la de encerrarse en ghettos nostálgicos, considerando que el exilio era un tiempo de espera y no de crea-

3 Vorabdrucke erschienen auf Deutsch, Dänisch und Englisch; das Buch hieß auf Deutsch *Nixpassiert* und wurde 1978 vom Luchterhand-Verlag herausgebracht.

ción, más que nada de espera política para los que tenían militancia.[4]

Skármeta beginnt, auch für das Radio zu schreiben – Kurzgeschichten, Erzählungen und Hörspiele, die zuerst in Deutschland und später in verschiedenen europäischen Ländern und den Ländern des Ostens ausgestrahlt werden. Ein Stipendium der Friedrich-Naumann-Stiftung verbindet ihn für ein Jahr mit der Universität Bonn. Gleichzeitig gründet und leitet er das Chilenische Kulturzentrum in Deutschland, welches Künstler in Chile und im Exil unterstützt. Darüber hinaus schreibt er für Zeitschriften, stellt für verschiedenste Verlage Anthologien chilenischer Erzähler und Dichter zusammen und übersetzt Texte deutscher Schriftsteller ins Spanische. Er bereist Deutschland und andere europäische Länder sowie die Vereinigten Staaten, um dort Vorlesungen zu halten und aus seinen Werken zu lesen.

In Deutschland entsteht auch das bisher erfolgreichste Werk Skármetas: zuerst für das Radio, dann als Theaterstück, als Drehbuch und schließlich als Roman (1985) schreibt er *Ardiente paciencia*[5]. Noch im Exil dreht Skármeta den Film zum Roman, die Szenerie – Pablo Nerudas liebsten Wohnsitz Isla Negra am chilenischen Pazifik – verlegt er dazu an die portugiesische Atlantikküste. Sowohl das Buch als auch der Film werden gelesen und gespielt, können sich aber kein nachhaltiges Gehör verschaffen, weder bei den Lesern noch bei den Cineasten. Fast zehn Jahre später erscheinen Buch und Neuverfilmung unter dem Titel *El cartero de Neruda* und werden ein Welterfolg. Der Film wird für fünf Oscars nominiert und das Buch in über dreißig Sprachen übersetzt. Regisseur ist der Brite Michael Radford, sein Hauptdarsteller Massimo Troisi. Bleibt die erstaunte Frage, warum Buch und Film, während Skármetas eigenem Exil

4 http://luchadores.wordpress.com/2006/12/22/antonio-Skármeta-su-formacion-en-buenos-aires-los-caminos-del-exilio-y-la-aventura-de-escribir/
5 A. Skármeta, *Ardiente paciencia (El cartero de Neruda)*, hrsg. von Monika Ferraris, Stuttgart: Reclam, 2006.

und in möglichst authentischen Umgebungen Nerudas angesiedelt, fast ignoriert wurden und ein ziemlich frei erfundenens italienisches Exil Nerudas an der pittoresken Amalfiküste ein Welterfolg wird, fünf Jahre nachdem die Militärjunta in Chile abgewählt ist und Skármeta schon längst wieder in Chile lebt.

Bevor Skármeta 1989 nach Chile zurückkehrt, heiratet er die Berlinerin Nora Maria Preperski; mit ihr hat er ebenfalls zwei Söhne. In Chile erfindet und leitet er die Fernsehsendung »El show de los libros«. Seine Idee war es, der erschreckend geringen Präsenz des Buches und der Literatur im allgegenwärtigen Medium Fernsehen das Lesen, das Gespräch über Lektüre und die Literatur entgegenzusetzen und zumindest den Versuch zu wagen, in einem Land, das von volksverdummenden »Chows« (chil. für: Show) wie »Sábado Gigante« auf dem geistigen Niveau erwachsener Teletubbies gehalten wurde, die Menschen zu motivieren, sich mit Literatur auseinanderzusetzen und sie zum Lesen zu bringen. Die lockere Präsentation der Sendung und die Einbeziehung junger Filmemacher aus dem ganzen Land machten aus »El show de los libros« innerhalb kurzer Zeit eine von der Fachwelt prämierte und – noch wichtiger – vom Publikum begeistert aufgenommene Sendung, die sich zehn Jahre lang erfolgreich hielt, was für ein Kulturprogramm in Südamerika bis dahin unerhört war.

Das neue Jahrhundert beginnt für Antonio Skármeta wieder in Deutschland; diesmal ist er nicht nur kultureller, sondern auch politischer Botschafter Chiles in Berlin. Damit befindet er sich in der illustren Gesellschaft Jorge Edwards' und Pablo Nerudas, die Chile ebenfalls als Diplomaten vertraten. Beinahe metaphernhaft hatte sein Exil 1989 geendet – im gleichen Jahr, das auch für Deutschland schicksalhaft sein sollte und Berlin nach der Wiedervereinigung wieder zum politischen Zentrum des Landes macht. Ab Mai 2000 vertritt er also, entsandt von der Regierung Ricardo Lagos', die Interessen Chiles in der sich langsam wiedervereinenden Bundesrepublik Deutschland, während sich in Chile die

Wunden der 16-jährigen Militärdiktatur nur sehr langsam schließen.

Ungebrochen scheint Skármetas Schaffenskraft in dieser Zeit: er arbeitet an einer Romantrilogie, deren Anfang *La boda del poeta* (*Die Hochzeit des Dichters*; 1999) macht, die er mit *La chica del trombón* (*Das Mädchen mit der Posaune*; 2001) fortsetzt und die schließlich mit *El retorno de la maravilla* (2005) endet. Für den 2003 veröffentlichten Roman *El baile de la victoria* erhält Antonio Skármeta 2003 den Premio Planeta, einen der bedeutendsten Literaturpreise der spanischsprachigen Welt.

Die Entstehung des Romans

Nixpassiert[6]. So lautete der Titel der ersten deutschen Ausgabe des Exilkurzromans aus jugendlicher Perspektive und so könnte man auch die Handlung des Büchleins salopp resümieren. Ein jugendlicher chilenischer Exilant in Berlin versucht in seiner neuen und fremden Umgebung zu überleben, entdeckt die Liebe und schlägt sich mit der ganzen Wut des scheinbar unterlegenen Kleineren erfolgreich mit einem ebenso wütigen und viel kräftigeren deutschen Michael. Viel mehr passiert nicht und es ist also nicht der Plot, der diesen Kurzroman bei seinen Lesern so populär gemacht hat. Was ist es dann?

Aus der Ferne sehe ich dieses Land. Ein Chilene in Berlin. So lautete der Titel einer zweiten Ausgabe, die 1993 in der Serie Piper erschien. Im Vergleich zur spanischen Ausgabe von 1980 (Ed. Pomaire, Barcelona) und zur aktuellen Ausgabe bei Plaza y Janés fehlt nicht nur der Epilog, in dem Skármeta beschreibt, wie er zum jugendlichen Erzähler eines Romans über das Exil gekommen war, sondern auch jeglicher

6 Hermann Luchterhand Verlag, Darmstadt und Neuwied, 1978 (die deutsche Übersetzung erschien also vor der spanischen Originalfassung; vgl. die Literaturhinweise).

Bezug zum Inhalt. Der Titel dieser Ausgabe sagt nicht einmal, wer welches Land aus der Ferne sieht, und auch der Untertitel verschafft keine Klärung – in der Erzählung kommt immerhin eine komplette chilenische Familie vor sowie eine genügende Anzahl von Exilchilenen, um mehrere lautstarke Demos in Kreuzberg auf die Füße stellen zu können. Gerade Lucho sieht das Land ja nicht aus der Ferne (wie seine Eltern, nämlich aus dem *Fern*sehen), sondern aus nächster und manchmal recht schmerzhafter Nähe.

Und genau das ist es, was auch jugendliche Leser an Skármetas Kurzroman spannend, aufschlussreich und unterhaltsam finden: die detaillierten Beschreibungen der nicht immer alltäglichen Erlebnisse Luchos in Berlin, seinen jugendlichen Hang zur maßlosen Übertreibung und die bildliche, emotionelle und emphatische Sprache des Autors, der sich im Epilog als Schöpfer des Werks und nicht als dessen Analyst oder Interpret ausweist, wobei er sich nur notdürftig hinter dem jugendlichen Erzähler verbirgt, dessen Freundes Vater er zu sein vorgibt.

Beginnen wir mit diesem Epilog. Skármeta lässt darin seine sprachliche Gewandtheit aufblitzen – entsprechend kommentierungsbedürftig für fremdsprachige Leser ist der Text – und beschreibt den Publicityrummel, den er vor allem mit der Verfilmung seines Romans *Ardiente paciencia* – von der chilenischen Pazifikküste an die italienische Amalfiküste transferiert – als *Il postino* (ital. für: Briefträger) erzielt hatte. Journalisten verfolgten Skármeta bis ins idyllische Tongoy in der Nähe von Coquimbo, um ihn nach der Magie seines Welterfolges zu befragen. Und Skármeta gibt mit einer Metapher Auskunft, die durchaus eines Neruda würdig ist: er sei ein Vogel und kein Ornithologe bzw. der Schriftsteller und nicht der Literaturanalytiker und er könne auch nicht den Ball von der Seitenlinie in den Sechzehnerraum befördern und gleichzeitig das Tor machen. Doch genau diese Dualität, die Skármeta eigentlich ausmacht, bestimmt sehr wohl den Charme und die Magie des Briefträgers und spielt auch in *No pasó nada* eine gewisse Rolle. Skármeta ist Autor, Schriftsteller, Erzähler und Poet, keine

Frage, aber er ist auch Literaturprofessor, Analytiker und Dozent. Und im Grunde genommen beherrscht er auf dem Terrain der Literatur beides: den Assist von der Seitenlinie und das Kopfballtor, wenn auch nicht zur gleichen Zeit. Die insistierenden Fragen der Journalisten nach der realen Existenz des verliebten Briefträgers Nerudas verneint Skármeta ganz klar. Ihn hat es genauso wenig gegeben wie ein italienisches Exil des Nobelpreisträgers; für den Leser und noch mehr für den Kinogänger scheint also die Magie weit wichtiger zu sein als die Realität.

Ausgehend von dieser beinahe Shakespeare'schen Aufbereitung einer ins Wanken geratenen Realität – was ist wahr?, was täuscht uns?, was täuschen wir uns selber vor? – erzählt Skármeta, wie er auf seinen jugendlichen Erzähler kam. Hunderttausende Chilenen mussten ihr Land nach dem grausamen Militärputsch vom 11. September 1973 verlassen und noch weitere zehntausende verließen das Land in den Jahren totalitärer Repression unter der berüchtigten Vierer-Junta Pinochet, Mendoza, Merino und Leigh. In Westeuropa, wo gerade die letzten Militärdiktaturen in den 70er-Jahren ihr Ende fanden (Portugal, Spanien, Griechenland), schlugen den Flüchtlingen aus Chile große Symphatien entgegen, ebenso wie in den ›linken‹ Ländern Lateinamerikas, etwa Mexiko, Venezuela, Kuba und für ein paar Jahre auch Argentinien und Uruguay. Unter den chilenischen Flüchtlingen waren zahlreiche Künstler, Schriftsteller, Poeten und kulturschaffende Intellektuelle. In vielen Ländern Europas gab es Lateinamerika-Kommittees, Kulturzentren, Lateinamerika-Lokale und -Läden und zahllose Lateinamerika-Veranstaltungen und -Demonstrationen. Und dennoch war es unendlich schwierig für die Exilanten, sich in der Literatur Gehör zu verschaffen und Interesse zu wecken. Die Toten des Militärputschs waren interessanter als die Lebenden: man las Neruda, der zwei Wochen nach dem 11. September gestorben war, man hörte Víctor Jara, dem die uniformierten Barbaren wie einst die *conquistadores* die Hände brachen und ihn dann im Estadio Nacional umbrachten.

Wie also überhaupt über das Exil im Gastgeberland schreiben? Dieses Dilemma beschreibt Skármeta im Epilog sehr warmherzig und treffend: als Betroffener weiß er, dass die Flüchtlinge selbst nicht dazu taugen, ihre missliche Lage, in die sie sich nicht freiwillig begeben haben, ohne Selbstmitleid und Larmoyanz, ohne Verbitterung und Vorwürfe wiederzugeben. Gerade der Zwang, in einem ihnen weitgehend unbekannten Land, in einer fremden Kultur und Sprache überleben zu müssen, verhindert eine offene Auseinandersetzung mit den neuen Gegebenheiten. Zu sehr ist der erwachsene Exilant mit seiner Misere beschäftigt, zu stark sind seine Schuldgefühle, doch auch an seiner Ausgeschlossenheit mitschuldig zu sein, und zu wenig kann er sich auf die neue Sprache einstellen, mit der neuen Realität zurechtkommen, zu sehr ist er auch in seinem »Sobald die Junta am Ende ist, geht es zurück in die Heimat«-Denken verhaftet.

Dabei ist Skármeta selbst kein typischer chilenischer Flüchtling, der um sein Leben bangend im Kofferraum eines Autos in eine ausländische Botschaft flieht, über diplomatische Kanäle ins Ausland gelangt und sein Land mit der Botschaft, in die er flieht, ›wählt‹. Skármeta wählt das Exil freiwillig, geht zuerst nach Argentinien und durch bereits bestehende Kontakte entscheidet er sich für Deutschland. Seine Beschreibung der Ankunft in Berlin zeigt sein Interesse an Kultur und Sprache und vor allem die unbeschwerte Aufnahme in einen alternativen Kreis. »Para ese grupo, un exiliado chileno huyendo de Pinochet era más taquillero que Robert Redford.«[7] Von Anfang an ist das Exil auch eine spannende Sache für den Schriftsteller:

> Llegué por primera vez a Berlín dotado de una perfecta ignorancia del idioma alemán. Mi único capital era un arrugado papelito con el número del amigo de un amigo de un amigo. Al teléfono estaba la amiga del amigo del amigo del amigo, que no entendió nada[.] Yo la retribuí con la

7 http://www.clubcultura.com/clubliteratura/clubescritores/skarmeta/obra_textos04.htm

misma generosidad. Pero como repitió tres veces la palabra zwiebelfisch, la anoté en la palma de mi mano, Zwiebel era cebolla y fisch era pescado, pero juntas no lograba concebirlas en mi mente.

Resultó ser un alegre bar en los márgenes de Savigny Platz.[8]

Und trotzdem sucht Skármeta lange nach einer geeigneten Perspektive, einem geeigneten Erzähler für die Geschichte, für eine Geschichte des chilenischen Exils in Deutschland. Er findet sie in einem Jungen, einem Freund seines Sohnes, der nicht wie die meisten anderen seines Alters in den 70-er Jahren seine Idole in der Rock- und Populärmusik sucht, sondern den Texten der Stones oder Led Zeppelins Gedichte vorzieht und selber versucht, seine Welt, seine Gedanken und Sehnsüchte in Gedichten zum Ausdruck zu bringen. Der Junge hofft, seine rockmusikbegeisterten Freunde würden sein Gedicht vertonen, doch findet die selbstverfasste Lyrik keine Gnade: »softer Kitsch« ist das harte Urteil. Das Gedicht selbst lautet so:

Échate el pelo con la mano atrás
échate lentamente el pelo con la mano atrás
échate una vez más lentamente el pelo con la mano atrás
échate otra vez una vez más lentamente el pelo con la mano atrás
échate infinitamente otra vez una vez más lentamente el pelo con la mano atrás (S. 107).

Das Urteil des Fachmanns fällt wesentlich ermutigender aus, er findet das Gedicht zwar »repetitivo«, aber auch »rítmico y obsesivo« und vor allem: »definitivo« (S. 108). Definitiv wird so auch Skármetas Beschluss, den vom Verleger vorgeschlagenen Roman über das Exil, welches so viele Millionen Menschen auf der ganzen Welt gerade in den 70-er Jahren betraf, aus der Sichtweise eines vom ganzen ideologi-

8 Ebd.

schen Ballast der Eltern unbelasteten Jungen zu schreiben. Eines Jungen, der vorerst ums tägliche Überlegen kämpfen und sich voll auf seine neue Umwelt einlassen muss. Der wie der Leser die Hintergründe des Exils nach und nach entdeckt und sich selbst ein Urteil bilden kann. Und noch während er die letzten Details zu *Ardiente paciencia* zusammenträgt, beginnt Skármeta die Jugendlichen seiner näheren Umgebung, die heranwachsenden Söhne und Töchter seiner Landsleute im Berliner Exil zu befragen, zu beobachten, zu interviewen, ihre Musik zu hören, ihre Fußballspiele zu besuchen und ihren Alltag im Detail kennenzulernen. Aus ihrer Realität und aus ihren Träumen, aus ihrer Fähigkeit, über sich selbst zu lachen, entsteht der Stoff zu *No pasó nada*.

»No pasó nada«

Zum Einstieg erfährt der Leser einige interessante Details über Chile, ein Land, das immer noch sehr weit entfernt von Mitteleuropa scheint und das in den 70-er Jahren den meisten Europäern so gut wie unbekannt war. Wer wusste denn damals schon, dass Chile über 4000 km lang ist und 10 Millionen Einwohner hatte? Oder dass 1962 die Fußballweltmeisterschaft im schmalsten Land der Welt stattgefunden hatte? Und dass genau das Estadio Nacional der Weltmeisterschaft nach dem Militärputsch zu einem provisorischen Konzentrationslager umfunktioniert worden war, in dem tausende Menschen festgehalten, gefoltert, ja sogar erschossen wurden? Damit beschäftigten sich bestenfalls ein paar politisch Interessierte, die über den Tellerrand der Regionalzeitungen hinausblickten.

In dieser schwierigen Zeit des unfreiwilligen Neubeginns lernt Lucho seine ersten Brocken Deutsch wie etwa »Schuft«, »Arschloch« oder »gemeiner Hund«, und zwar beim Fußballspiel mit Gleichaltrigen, die ihn nach Fouls solchermaßen titulieren. Worauf Lucho immer sofort schwört: »no pasó nada« – sein künftiger Spitzname. Seine ersten

Freunde sind Leidensgenossen, im gleichen Alter, und kommen ebenfalls aus sonnigeren Gefilden. Von ihnen lernt er, sich zurechtzufinden, einige Annehmlichkeiten des Lebens zu genießen und das Wichtigste: Deutsch. Auch wenn der erste Dialog noch etwas holprig erscheint – »Pinochet«, »Ioannides.« »Irgandwann, zusammen, kapput.« »Venceremos.« (S. 16).

Als die Obristen in Griechenland am 23. Juli 1974 am Ende sind und die Familie Kumides wieder nach Hause reisen darf, wird dieser Freudentag für die befreundeten Exilanten ausgiebig gefeiert, er stärkt die Hoffnung vieler chilenischer Flüchtlinge auf eine rasche Beendigung von Gewalt und Repression in ihrem eigenen Land, aber er bringt Lucho auch um seine besten Freunde. Da ein baldiges Wiedersehen nicht in Sicht ist, beginnt er zu jobben, um im nächsten Jahr Familie Kumides besuchen zu können, andererseits erlaubt die wirtschaftliche Realität der meisten Flüchtlinge keine Reiseträume, und überhaupt muss Lucho früh erwachsen werden.

Allmählich kommt er in die Pubertät – spanisch, »la edad del pavo« –, beginnt sich von der Familie unmerklich abzunabeln und wendet sich erstmals den einschlägigen Medien zu, die Jungs in dieser Phase besonders ansprechen. Seine ersten Dialoge mit der imaginären Freundin lernt er aus Fotogeschichten vom Typ *Junge Liebe* auswendig und durch seine einzige Musikquelle, ein kleines, tragbares Radio, entdeckt er ein Musikgenre, welches nicht gerade typisch für den Jugendlichen der 70er-Jahre war: den deutschen Schlager. Verständlich dadurch, dass Deutsch für ihn als Sprache der Populärmusik mindestens so exotisch und unbelastet war wie das Englisch der Rockmusik, der die meisten jungen Leute damals – wie heute – frönten. Obwohl er die Texte der Schlager als »la obra completa de la estupidez humana« (S. 27) abtut, lernt er von den Texten durch endlose Wiederholung sehr viel Deutsch und glaubt auch hier, fertige Phrasen und tolle Ideen zur Eroberung der jungen Damenwelt zu erhalten.

Als er dann im Schallplattenhaus die fünf Jahre ältere Sophie kennenlernt, verliebt er sich sofort in sie und in ihren Traumjob, der darin besteht, allen herumhängenden Dummköpfen Platten aufzulegen.

Eines Abends im September – der erste Jahrestag des Militärputschs in Chile nähert sich – begleitet Sophie Lucho zum alljährlichen Malen von Transparenten und Schildern für die große Demonstration gegen die Militärs. Auf dem Nachhauseweg – es ist schon spät in der Nacht – treffen sie vor einer Spielhalle auf eine Gruppe betrunkener Jugendlicher und werden provoziert; es kommt zu einer Rangelei, Lucho besinnt sich auf seine fußballerischen Qualitäten und kickt den Provokateur zwischen die Beine. Er und Sophie entkommen der bedrohlichen Situation und gehen auf Sophies Zimmer.

Von Sophie erfährt Lucho am nächsten Tag, dass der unglückselige Aggressor im Spital liegt und sein älterer Bruder auf der Suche nach ihm, Lucho, sei. Es kommt zum Duell auf einer Müllhalde am Rande der Schnellbahn … Das Buch endet mit einem positiven »Nixpassiert«: in der zuerst heftigen und blutigen Auseinandersetzung zwischen dem Protagonisten und seinem Widersacher passiert nichts wirklich Schlimmes. Dass aber in Luchos Leben nichts passiert ist, wird kein aufmerksamer Leser behaupten.

Klaus Amann

Inhalt